中国新闻社 主编

东西问

文明的碰撞与互鉴

海豚出版社
DOLPHIN BOOKS
CICG 中国国际传播集团

编委会

卷首语

人类何时开始提问？这本身就是一个问题。

古往今来，我们问天问地、问己问人、问古问今。从西方文明视域下的“哲学三问”，到中华文明体系中的“三省吾身”；从柏拉图问苏格拉底什么是爱情，到颜渊问孔子什么是仁……问题引导着人类探索自然、追求真理，也驱使着人类反躬自省、不断精进。

进入21世纪的第三个十年，人类遭遇世纪疫情，中华民族伟大复兴进入新阶段，百年未有之大变局加速演进，世界再次行至历史的十字路口。

“世界怎么了？我们怎么办？”面对时代之问，中国新闻社于2020年年底推出大型学理型融媒体报道专栏《东西问》，致力于打开中西文明交流互鉴的问号。着眼于中国与世界在大变局下的新互动，《东西问》体现东西方文明比较，突出针对性，强调学理化，注重可读性，通过重磅高端访谈、独家深锐专访、专家署名文章等形式，深入探讨东西方交流过程中的重大、突发、热点、敏感问题。

“中国领导人为什么在元旦而不是春节发表新年贺词？”“面对逆流，全球化将何去何从？”“中美能躲过‘修昔底德陷阱’吗？”两年来，《东西问》邀请800多位中外专家学者，打开如是问号900多个，在媒体界及学术界产生积极反响，被称为“具前瞻、有价值的学理性探索”。

在不少西方学者眼中，历史中国与当代中国是彼此割裂的，他们不否认历史中国辉煌灿烂的成就，却不愿承认当代中国正是根植于中华文明的优秀传统。他们只戴“历史滤镜”而忽视现实联结，如此观中国必然会“一叶障目”；那些试图解构中国历史的“历史虚无主义”者，更无法理解中国特色社会主义何以开创人类文明新形态的密码所在。

当此大变局时代，为向世界阐释清楚当代中国“坚持把马克思主义基本原理同中国具体实际相结合、同中华优秀传统文化相结合”之道，《东西问》立足“文明根性”、聚焦“文明互鉴”、推动“文明交流”，尝试一个以中国文明根性为“起点”，在西方思维路径上讲述中国故事的叙事模式。

岁月不居，时节如流。《东西问》始终在增强学理水平、提升传播效能，向世界阐释推介更多具有中国特色、体现中国精神、蕴藏中国智慧的优秀文化方面聚焦发力，为塑造可信、可爱、可敬的中国形象而上下求索。在国际传播“说什么”这一领域，《东西问》通过挖掘展现中国文化的内在基因，引导海外读者建立“中国是谁”的文化认知，并以此为基础形成“中国会怎样”的现实判断，为讲好中国故事提供学理支撑。

汤因比对话池田大作时，曾留下他对21世纪的预言：人类的希望在东方，中华文明必将成为世界主流。事实证明，百年未有之大变局最本质的变量就是中国的重新崛起，500年来由西方主导的文明版图格局正在发生深刻变化。生逢大时代，《东西问》将继续努力在中西方之间打造平等对话、文明互鉴的平台。

今辑印《东西问：文明的碰撞与互鉴》，以飨读者诸君，敬请指正。

中国新闻社《东西问》编辑部

二〇二二·壬寅年秋

目录

Contents

Part 1 文明互鉴

Part 2 时代脉搏

Part 3 如是中国

Part 4 中美观察

Part 1

文明互鉴

汪德迈：跨文化视野下，如何看待西方个人主义和东方集体主义？

汪德迈

汪德迈（Léon Vandermeersch）是法国著名汉学家、法兰西学院通讯院士、法国社会科学高等研究院终身教授、法国远东研究院原院长，被汤一介誉为“法国第一大儒”。他吸收法国汉学、中国国学和日本汉学之精华，又加以整合创新，倾70年之力，创建跨文化中国学。他独立而深入地研究中国古代社会制度、中国儒学、中国哲学史、中国思想史、中国文学艺术和亚洲历史上形成的“新汉文化圈”，在跨文化的视野下，揭示中国文化的特殊性及其具有的世界普遍意义。

“我认为，每种文化的价值本身都是好的，都值得尊重，西方的个人主义价值观和东方的集体主义价值观都有其优秀的一面，优秀面应该得到继承，但是价值不能被推向极端，不能被歪曲。”

2021年5月，“汪德迈跨文化中国学研究国际会议与《汪德迈全集》出版发布会”在北京召开。该全集共10册，以跨文化视野审视中国文化自觉，展示一位世界著名汉学家和跨文化研究者的卓越成就。本文将《汪德迈全集》中涉及东西方文化比较的部分内容摘编整理，以飨读者。

在跨文化的视野下，东西方文化价值的差异在哪里？两者之间是否有互补性？如何看待西方崇尚的个人主义和东方传统的集体主义？东西方社会如何借助他者的经验看到自己的问题？

世人皆知希腊罗马文化，却忽略了长期以来中国文化对世界的广泛影响。西方世界应高度重视中国文化的普遍意义。中国的集体主义文化能让人类在艰难的时刻采取协调一致的应对策略，也能在繁荣时期保持最大的包容性和格局。

东西方文化价值都不能被推向极端

西方的人文主义是建立在神学基础上的。神学来自犹太教、基督教和柏拉图主义，后来经过托马斯·阿奎那的阐发，形成了西方的神学传统。在东方国家，尤其在中国的人文主义中，人是宇宙的一部分，人跟自然一样，参与整个宇宙的运动。因此，在中国的传统文化中，有“天人合一”这样的概念。东西文化的价值观不同，对人的理解不同，这是双方的一个根本性的差异。

“平等”是西方人文主义的一个重要概念。理论上，大家都认可平等的观念，还将平等作为推广人权的一个手段；但在现实中，大家都知道，绝对的平等是不存在的，平等受到许多主客观条件的制约。这种理论上的平等和现实中的不平等是普遍存在的。

在西方，平等和人权的理念助长了某种个人主义思想：个人高于集体，个人利益高于集体利益。个人主义的泛滥导致了西方社会普遍的危机——这是一种“社会性”的危机：每个人都赋予自己的自由以无限的空间，致使社会联系、社会精神受到破坏。在中国，我们也看到某种思想导致的缺陷，正如我们在巴金的《家》中看到的那样，个人受到家庭和社会的种种束缚，这是东方的问题。

我认为，每种文化的价值本身都是好的，都值得尊重，西方的个人主义价值观和东方的集体主义价值观都有其优秀的一面，优秀面应该得到继承，但是价值不能被推向极端，不能被歪曲。再好的价值，如果被推向极端或被歪曲，也会产生很多副作用。

西方“民主”不足以解决人类的全部问题

西方对社会的理解发生过变化。在英国17世纪的政治哲学家霍布斯看来，“人对人是狼”，人与人的关系就像狼与狼的关系。调节人与人关系的是利益，而不是基督教所宣扬的“博爱”或者“爱他人”这样的伦理原则。

霍布斯的思想与孟子的思想完全相反。在孟子看来，“人之初，性本善”，如果你看到一个婴儿落井，你就会本能地去救他，这是人的善良本质的一种表现。而在霍布斯看来，人天生没有这种善良的本质，而是以追求个人的利益为依归。因此，社会只能建立在利益关系上，不能建立在同情、怜悯、善良上。霍布斯主张建立开明君主制——一个社会应该有权威，这个权威的执行者应该是一个开明君主式的人物，个人应该将自己的自然权利让渡给这个权威人物，只有绝对的权威才能保证社会契约的施行。

霍布斯的政治思想后来遭到一些批判，最先批判他的人是卢梭。在卢梭看来，社会契约不是让个人将自然权利让渡给权威者，而是将自身的一切权利转让给集体。卢梭并不否认个人利益的存在（“人人都受着私自的动机所引导”），但是共同利益可以使全体个人结成一个道德共同体，所形成的公共人格，卢梭将其称为“共和国”或“政治体”，“国家”或“主权者”。这样一来，社会契约在公民之间确立了一种平等身份，所有人都遵守同样的条件，并享有同样的权利。法国大革命以后，欧洲社会开始了漫长的民主建设历程。

西方的民主思想的确与中国的思想有某种对立性：中国的思想注重和谐，

集体的利益高于个人的利益，认为只有这样才能实现社会的普遍和谐；而在西方的民主进程中，我们看到的是保护个人利益，每个人都要保护自己的利益，这是西方民主社会的常态，当然这会产生个人利益至上现象。

现在西方社会为什么会有民主危机？因为习惯于把民主当作最高价值，而“民主”不足以解决人类碰到的一切问题，例如资源分配和环境保护。每个国家、每个企业都有自己的利益，一碰到这类问题，都会为保护自己的利益而不遗余力地抗争或争夺。再比如，西方施行了这么多年民主，怎么还会爆发如此严重的金融危机呢？这说明民主不足以控制和调节金融领域的危机因素。

西方有一些学者，例如罗桑瓦隆，提出过这样一个观点：当今社会与18世纪的社会具有本质的不同，那个时代创建的民主制度已不适应今天这个时代。如何既尊重民主价值，又能解决当今社会面临的问题，这是一个值得研究的课题。

中国的集体主义对西方或有参考价值

现在西方民主碰到问题的是议会民主，即由通过选举产生的代表去立法。议会民主或代议制民主的危机表现为政党政治的危机。

政党政治表面上是在维护公共利益，实际上是通过民主程序，争夺权力。在这方面，我觉得中国可能有不同的传统。中国的集体主义，或曰集体观念，也许对西方具有某些参考价值。在东西方社会的比较中，真正的问题不在于说哪里的情况更好，哪里的危机更严重，断定孰优孰劣没有什么意义。真正的问题是我们每个社会都不完善，都有缺陷，我们沉迷于自身的传统，看不到自己的问题和缺点。我们需要借鉴，借助他者的经验看到自己的问题，改正自己的缺点。

在西方的民主制度下，越来越多的人认为，所有问题都可以交给制度去解决。满足人的欲望也被视为一种人文主义价值，实际上，这是对人文主义价值的误解，致使个人不断追求自我欲望的满足。这种现象的后果是什么呢？后果就是人没有了自律。

关于欲望和自律，我想引用19世纪英国自由主义思想家约翰·密尔的话来说明："与一头幸福的猪相比，我更喜欢不幸的苏格拉底。"约翰·密尔这句话值得我们深思。西方还有一个俗语叫"劣币驱逐良币"。在价值这个问题上，也存在同样的危险。很多人没有把西方好的价值拿过来补充或修正自己的文化，而是把西方一些错误的或者不好的东西拿来为我所用。我觉得，一个人在看待另一种文化时，会带有一定的倾向性，这种倾向性或许是一种缺陷，即容易在他者的文化中注意那些稀奇古怪的东西、令人好奇的东西，而没有看到这种文化的真正价值，因此觉得自己的文化才是最优越的。其实这是拿自己文化中优秀的东西与其他文化中稀奇古怪的东西进行比较，所得出的错误见解。

马丁·雅克：为什么说中国是“文明型国家”的成功？

马丁·雅克（Martin Jacques）是英国著名学者、作家。他是剑桥大学博士，并曾长期担任该校高级研究员。马丁·雅克是西方世界解读中国最著名的声音之一，他于2009年首次出版的《当中国统治世界：中国的崛起和西方世界的衰落》是全球范围内的现象级畅销书，已被翻译成15种语言，2010年1月推出中文版。

马丁·雅克

“从1949年到1978年再到如今，中国发生的变化是常人无法想象的，非常伟大。在我看来，中国共产党是现代人类世界最成功的政治组织，而且遥遥领先其他政党。”

马丁·雅克认为，要理解中国发展取得的成功，必须理解中国文明的特性，要明白中国不仅仅是一个“民族国家”（nation state），而且是一个“文明型国家”（civilization state）。西方许多人试图强行让中国接受西方人权等价值观的心态使得西方几乎不可能真正理解中国。

中新社 在您看来，中国成功的根源在于其选择的制度路径还是其独有的政治领导力？

马丁·雅克 我们必须在更广的维度上进行探讨，而非仅仅是（西方政治学意义上的）政治领导力或政治体制的讨论。按照美国政治学者福山的观点，中国的政治体制展现出比其他任何国家都强大的延续性。如果回顾中国从秦朝以来的治理模式，能够看到这中间经历了很多不同的阶段，但一些重要的特征始终是十分相似的。1949年以来，中国共产党一直是领导中国的政治力量，但即使在这一阶段，中国仍然从传统社会治理中传承了许多重要的因素。

优秀的政治领导力无疑是一个国家所必须的。我认为从毛泽东、邓小平一直到习近平的中国领导人都有着极为突出的政治领导力。今天的中国处在一个新的时期，已取得的发展成就令中国在国际上扮演更加严肃、更加活跃、更加积极的角色成为可能。

中国极其成功地打造了一支富有才干的领导团队和一群治理人才。从历史的尺度来看，从1978年至今，中国的政府出色地完成了其使命。我还想补充的一点是，政党的自我革新是非常重要的，我认为中国共产党迄今为止在这方面做得非常好。西方一直对中国共产党颇有微词，然而让我们直面现实吧——在过去40多年里，中国领导层的表现远远好于同时期的美国领导层。

中新社 当美军撤离阿富汗时，美国总统拜登说，美军在阿富汗的使命从来不是“国家构建”（nation building）。中国是否正是因为在中国共产党领导下完成了国家构建，才避免了四分五裂、生灵涂炭的厄运？

马丁·雅克　当下，中国共产党领导下的中国无疑处在一个非常好的时代，很可能是中国曾经经历过的任何时代当中最好的一个。这是站在中国漫长历史的积累上实现的。正是由于从中国历史中获得的智慧，中国共产党能够探索出一条成功的治理之道。

中国文明自身的特性也是很重要的一个方面，中国不仅仅是一个（西方意义上的）民族国家（nation state），它还是一个文明型国家（civilization state）——如果不能理解这一点的话，也就无法真正理解任何有关中国的问题。

中新社　您曾提到西方理解中国抗疫模式需要先了解孔子的学说，您还提到西方对此缺乏应有的认知。能否详细阐述这一问题？

马丁·雅克　西方的许多中国问题专家并未真正理解中国，造成这一点的原因是西方人在成长阶段接受的教育是“西方做事情的方式是全世界其他地方学习的模范”，西方的范式比全球其他任何地方的都要优越——西方的运作方式、制度、规范等成为了用来衡量其他国家的准绳。

例如，在“人权”这样的争议话题上，西方从未真正尝试着去理解中国是如何实践其人权理念的。这是由于双方截然不同的历史传统，可追溯到孔子的时代。在孔子的学说中，个体不是世界的中心，人们重视的是集体，集体可以是一个家庭，也可以是范围更大的集体，一直到整个中国。只有当置身于一个集体、一个社会当中时，个体才具有意义。

在我看来，围绕人权问题的大部分争吵都是基于西方希望将其思维模式输送给中国，而后者并未接受。西方这么做意味着这些人并不真正需要理解中国，因为最终他们还是会相信自己是对的、中国是错的。如果动辄就向中国喊话“你们只需要照我们的方式来”，那还谈何理解中国呢？

从诚实和谦虚这两方面来考虑，西方在疫情期间的表现无疑都是不及格的。（对中国抗疫方式的指责和后来围绕病毒溯源的纷争）真的都只是一种可耻的、用于分化和转移注意力的借口。

中国是如何取得抗疫成功的？第一，中国政府有非常好、非常清晰的抗疫策略。第二点，也是西方从未探讨过的一点，就是人的因素非常重要。中国人拥有很强大的社会凝聚力和团结度，这种传统深深地植入到中华民族的国族意识当中。这也是为什么美国在抗疫中的表现如此差劲——美国没有中国重视集体的观念。

中新社 白宫和美国共和党政客热衷于在新冠溯源等议题上攻击中国，这是否完全无关严肃的科学研究，而是一种将病毒作为武器的诡辩术？

马丁·雅克 这是一种转移视线的企图，由于美国在疫情期间表现得糟糕透顶，政客们不得不出手掩盖这一事实，而这种做法已经给西方带来了国际关系层面上的危机。美国和整个西方抗疫的努力是如此乏善可陈，以至于他们只能一再转向病毒起源的问题。我认为西方国家政府和媒体在这当中的角色是可悲的——并非每一家都是这样，但有太多政府和太多的媒体都热衷于“甩锅”了。

中新社 您如何看待中国共产党带领中国实现民族复兴的百年历程？

马丁·雅克 这一切成就是属于全体中国人民的，每个中国人都为中国今天的成就作出了一份贡献。当然，要想实现这一切，就必须得有卓越的政治领导，中国共产党恰好是这样一支领导力量。从1949年到1978年再到如今，中国发生的变化是常人无法想象的，非常伟大。在我看来，中国共产党是现代人类世界最成功的政治组织，而且遥遥领先其他政党。西方时常会拿苏共与之进行比较，但中国共产党和苏共完全没有可比性。中国共产党在自我革新、自我重塑方面做得非常好，事实上他们不仅重塑了党，也重塑了中国。执政地位不是理所当然的，政党必须与时俱进，总是着眼未来。中国文化很善于着眼未来。中国共产党传承了中国文化的这一思维特质。这也是为什么中国共产党总能带领自身和国家走出低谷的原因。

邓小平的改革在经济领域引入了市场的作用。很多人事后说这是“西化”，但恰恰相反，中国开创了一种全新的独特体制，破除了改革开放前束缚发展的要素，将自身发展融入了全球市场。改革开放对中国而言是一种极为自信的思路，因为一旦选择对外开放，中国就得和资本主义世界竞争，面对的竞争对手来自（当时）富裕得多、受教育程度高得多的西方国家。这是非常关键的决断，西方当时没有多少人相信中国能够取得成功，但是中国仍然以强大的自信选择了开放，并真正取得了成功。

中新社　您对中国推进实现共同富裕有何看法？

马丁・雅克　这是令人非常感兴趣的一项最新发展。西方目前已有的反应几乎都是受到本能的反华态度驱动——条件反射地认为这是“负面的”。然而西方也正在面临和中国同样的贫富分化问题。

尽管有很强烈的呼声，但美国政府没有为消除其巨大的不平等问题做任何事。欧洲也不同程度地存在这一问题。20世纪80年代以来，新自由主义的盛行造成不平等问题持续蔓延。中国如今正在试着找到应对之策。这些问题都是真实存在的，必须得到应对、提出解决方案。

（记者　彭大伟）

宋怡明：东西方之间存在“文明的冲突”吗？

宋怡明（Michael A. Szonyi），1967年生于加拿大多伦多市，现为哈佛大学东亚语言文明系中国历史学教授，费正清研究中心主任，明清及中国近代社会史学家。擅于利用历史人类学和田野调查方法研究中国东南地区的社会史。其著作包括《被统治的艺术：中华帝国晚期的日常政治》《实践中的宗族》《冷战岛：处于前线的金门》等。

宋怡明

“在我看来，不同文化背景的人们尽管讲着不同语言、面对不同环境，但本质上可以互相理解。”

20世纪80年代，刚刚高中毕业的宋怡明机缘巧合来到中国教授英文，这段特殊经历让他与中国结下了不解之缘。之后，他开始学习中文和中国历史，走上了一条研究中国的学术道路。

宋怡明认为，东西方之间并不存在亨廷顿所谓的“文明的冲突”，东西方社会、民众之间的共性远大于不同。“我们作为人类所拥有的相通的东西远远超过因为我们出生地不同而带来的不同。”

中新社 作为加拿大人，您为何对中国产生兴趣并决定将研究中国作为毕生事业？

宋怡明 我最早对中国产生兴趣是在20世纪80年代。当时我刚高中毕业，想要去国外做点有趣的事情而不是直接读大学。我尝试在全世界寻找机会，写了几百封信，最终幸运地获得了在武汉教英文的工作。于是，只有17岁的我来到武汉，在那里待了几个月。当时的中国正值改革开放初期，处在惊人变迁之时，空气中洋溢着强烈的兴奋之情，我被深深吸引了。当时的我并不会讲中文，拿着一本新华字典，通过徒步、搭便车、坐卡车等不同方式去了中国很多地方。我对中国产生了很大兴趣，想要关注这个国家的发展和变迁。我回到加拿大上大学后，开始学习中文，后来决定研究中国历史。

对我而言，将研究中国作为事业并不是有意的计划，只是我非常幸运在中国经历变迁的特殊时期对中国产生了兴趣，所有的故事就从那里开始了。

中新社 您曾提到，博士期间最重要的一段学术经历是来到中国福建农村做田野调查。为什么对您而言这段经历如此重要？

宋怡明 当时为了收集材料，我来到福建，住在当地村庄的祠堂里。从学术角度而言，这段经历让我意识到去到历史发生地的重要性。通常历史研究者都在图书馆和档案馆里做研究，而如果来到历史真实发生的地方，会对历史如何发生、发展产生完全不同的理解，这一体会一直指引我之后的历史研究工作。

从个人层面而言，在中国农村跟农民住在一起，一起吃饭、喝酒，了解他们当下的生活和村庄的历史，让我跟其他中国学者相比有了非常不一样的经历和视角。从跟他们的日常聊天中就可以了解到很多东西，包括他们的兴趣、关切、面临的挑战等。这对我个人有着深远影响，加深了我对现代中国和中国历史的兴趣。

中新社 您曾说过，在研究历史问题时，更倾向于从微观视角探索宏观问题。您觉得中国普通百姓自古以来的特点是什么，跟西方有什么异同？

宋怡明 大部分历史学家在讲述历史时都是通过贵族、上层社会或者国家的视角。当从普通百姓的角度看待历史时会有非常不同的样态，所以我一直致力于通过微观视角研究历史。在我看来，研究历史的本质是搞清楚在那个年代背景下的人们是如何思考、作决定的，并且意识到他们与现代人的不同。实际上，当这样比较的时候，我发现古代的人们和现代的人们没有那么多不同，东方和西方的人们之间也没有那么多不同，大家在本质上都有着同样的人性。这也正是研究历史的有趣之处。当我们研究生活在中国古代的人们，当中国人研究欧洲古代的人们，当大家今天研究生活在不同国家的人们时，都可以发现这种相似性。

我最近出版的一本书关于明朝的军户制度。每个军户家庭需要派一个人去参军。我们可以把参军当成缴税，军户需要参军，他们愿意缴这个“税”，但他们也想采取措施减少不确定性、降低风险。实际上，他们对于参军这种“税”的想法跟我本人看待缴税的想法是差不多的。我希望知道我要缴多少税，不想缴多于需要的税，我希望缴的税是公平的。当然，我现在给美国政府缴的税与明朝永乐年间军户派人参军是很不一样的，但我认为他们看待问题的方式跟我实际上是非常相近的。归根结底，人性是相同的。

在我看来，不同文化背景的人们尽管讲着不同语言、面对不同环境，但本质上可以互相理解。不同文化、文明是由不同传统塑造的，但这些传统并不是自动地影响我们的选择、塑造我们的生活的，我们的选择不完全受传统控制。

中新社 哈佛大学教授亨廷顿的“文明冲突论”观点认为，未来全球的主要冲突将在不同文明之间发生。您认为东西方文明之间存在冲突吗？怎样增进不同文明间的相互了解？

宋怡明 简单地回答，我认为文明冲突理论是没有意义的。亨廷顿是很好的学者，但对于文明冲突论，我认为是对社会如何运转的根本性错误认知。人类社会当然存在冲突，但认为不同文明之间寻求不同东西，显而易见证据是不足的。一种文明并不只有一个声音、一种行为方式。在亨廷顿的文明冲突理论中，列举了几种文明间的冲突，其中一个是在伊斯兰文明和西方文明之间。美国确实和伊斯兰世界中的一些群体存在冲突，但不能说整个伊斯兰世界都与美国、与西方价值观存在冲突。当今社会的很多差异与不同国家最近几百年的做法更加相关，我不认为这些差异是历史性的、文明间的差异。

在一定程度上我的职业的意义就是让美国等英语国家更好地了解中国。在我看来，不同文化之间的互相了解没有根本障碍，但这只是从乐观角度看待人性的结论。事实是，人们对于未知的事物通常会感到害怕并给予负面回应，但这些问题都是可以解决的。我一直支持民间交往，也非常相信只要人们可以见面，就可以解决问题。

我想说我现在的很多学生，如果他们去到中国，会对中国有更好的了解。更重要的是，如果他们之后在美国成为商界、政界领袖，他们的中国经历会有利于美中关系发展。这种人文交流在当下有意义，对未来同样有影响。

中新社 费正清作为美国最负盛名的中国专家之一，在让美国社会了解中国方面发挥了重要作用。作为世界最具影响力的中国研究中心之一，哈佛大学费正清研究中心会在增进中美交流中扮演怎样的角色？

宋怡明 在当今时代，费正清研究中心可与各领域的专家合作，让政界、商界、科技界等人士更好地了解当前的中国。我们最重要的职责是让政府意识到学生学习有关中国的知识是有益的。无论美中关系未来如何发展，让美国更好地了解中国、让中国更好地了解美国，对于两国而言都是有利的。第二，我们可以作为两个社会之间中立的、科学的、客观的观察者，这种角色对于美中都适用。当美国学者讲述某些关于中国的议题时，他们并不代表美国政府，而是基于他们的研究成果。现在像包括费正清研究中心在内的很多中国研究中心都面临同样的艰难境遇，一些中国人会认为我们代表美国政府，一些美国人则认为我们受到了中国政府影响、代表了中国的观点。

中新社 当前，中美关系处在关键时期。当下（注：2021年7月）有数百名中国留学生赴美签证被拒，包括哈佛等名校学生。对此，您有什么看法？

宋怡明 当前美中在教育领域的关系处在关键时期。双方学界间的交流受阻，中国主要由于应对新冠疫情而采取措施，美国则是出于安全考虑。美国在管理知识产权、敏感科技方面应该做得更好。针对中国人、与中国共产党有联系等就拒绝签证的做法是错误的。

我希望美中两国关系可以改善。我们之间在很多领域有着共同利益，包括气候变化、经济发展等。我们需要寻找改善关系的途径，我相信教育在这其中是可以发挥一定作用的。

（记者　沙晗汀）

雷立柏：如何用拉丁语为中西对话“架桥”？

雷立柏（Leopold Leeb），奥地利汉学家。1967年生于奥地利，1995年来中国，在汤一介教授和陈来教授的指导下进行研究，1999年获北京大学哲学系博士学位。1999年至2004年在中国社会科学院世界宗教所进行翻译和研究工作。2004年以来任中国人民大学文学院教授。主要著作：《张衡、科学与宗教》《拉丁语桥》《拉英汉词典》《拉丁成语辞典》等，编译《超越东西方：吴经熊自传》等。

雷立柏

“拉丁语在很多方面改写、丰富了汉语，并加入很多术语。比如，语法中的术语‘动词’‘名词’‘形容词’‘连词’‘介词’‘代词’等在古汉语中找不到，‘民法’‘刑法’‘婚姻法’‘商法’‘合同’‘国际条约’‘协会’‘委员会’在古汉语里也都没有。但今天在每一个中国农村都有一个‘村委会’。谁知道‘委员会’来自拉丁语的committere？”

拉丁语和汉语之间的对话源远流长。最早在中国开展的拉丁语教学可追溯到700年前的元朝——孟高维诺于1294年来到元大都（今北京）传教并教授40个男童学习拉丁语。400年前，意大利传教士利玛窦开始将《四书》翻译为拉丁文，还首次用拉丁文拼写汉字，成为汉语拼音的“鼻祖”。17世纪是拉汉互译高峰期，西方很多先进科学技术由此传入中国。

拉丁语和汉语的关系很奇妙

几年前我编写了一本书《拉丁语在中国》（尚未出版），其中比较全面地论述了拉丁语传入中国的过程，包括早期的文化交流、明末清初的学术翻译和新单词的创造等，介绍了从中国最早的拉丁语学者——如福建人罗文藻（1615—1691年）和广东人郑玛诺（1633—1673年）——一直到民国时期的拉丁语学人。书中还展现了20世纪末中国文人对古典学的兴趣以及在华拉丁语学院、教材和双语词典的编写及出版情况等。

其实，拉丁语和汉语的关系太奇妙了。也许很少人知道“酪”字在古代的发音是LAK，而这就和拉丁语的lac（牛奶）是一个词。然而，这样的例子确实不太多，虽然“萝卜”也让我联想到拉丁语的rapum（萝卜）。

拉丁语和古汉语都是古代语言，有2000多年历史，并保存很多文献。在古希腊语、古希伯来语、古汉语中，拉丁语应该算是最现代化的古代语言，因为拉丁语词汇包含很多现代的单词，比如古罗马人使用的“共和国”“投票权”“民法”“国际法”等。罗马人编写了法学、语法、逻辑学等教科书以及覆盖很多知识领域的百科全书，还进行天文学研究。古罗马人的语言中很多词汇仍为现代人沿用。

很多现代汉语词汇来自拉丁语

英语单词60%左右来自拉丁语，而现代汉语的词汇也有很多来自拉丁语。“现代汉语”四个字中的“现代”（民国时称“摩登”）就来自拉丁语modernus。公元496年，这个词在罗马教宗的文献中第一次出现，意思是“亲近的”“刚刚过去的”，而查理曼时代（公元800年）的文人已经说自己的时代是modernum saeculum（现代的时期）。这样最早由罗马人使用的“摩登”一词成为所有欧洲语言和世界上其他语言都用的词。再如人们刷的“卡”（来自中世纪拉丁语charta，即“一张纸”）也来自拉丁文。大量拉丁语单词通过翻译进入现代汉语。人们每天使用，但很少思考其来源。

一个充满温情的例子是“母语”和“母校”。“母语”来自lingua materna（英语mother tongue，法语langue maternelle，德语Muttersprache）。20世纪30年代的汉语词典中还没有“母语”，只有“本国语”或“国语”。值得注意的是，第一个谈论“母语”的拉丁语作者是奥古斯丁，他在自传《忏悔录》中第一次描述婴儿如何向母亲学习语言，从此欧洲人开始关注母亲在语言教育方面的作用。“母校”来自中世纪拉丁语的alma mater（仁慈的母亲），指自己的学校，因为一个学校像母亲一样给孩子（学生）很多（精神性的）营养，让他们成长。拉丁语是世界上“最浪漫的”（romantic）的语言。同时，拉丁语也是科学的语言，牛顿的著作大多是拉丁语写的。

意大利传教士利玛窦翻译的《几何原本》一书为很多几何学概念作了定义，也创造了许多术语，比如“三角形”“正方形”“点”“面”“体”等，都是从拉丁语翻译过来的。汉语的“体”指身体，在古代没有几何学的含义。我们今天用“立体感”“物体”“球体”等词都是因为拉丁语的corpus（身体，体）改变了汉语“体”的含义，赋予其几何学涵义。

拉丁语在很多方面改写、丰富了汉语，并加入很多术语。比如，语法中的术语“动词”“名词”“形容词”“连词”“介词”“代词”等在古汉语中找不到，“民法”“刑法”“婚姻法”“商法”“合同”“国际条约”“协会”“委员会”在古汉语里也都没有。但今天在每一个中国农村都有一个“村委会”。谁知道“委员会”来自拉丁语的committere?

拉丁语也是最有“力量”的语言，现代汉语的“想象力”（vis imaginationis）、“记忆力”（vis memoriae）和“理解力”（vis intellectiva）等都是拉丁语的概念。

我从1988年开始学习汉语，没有想到会在汉语中找到如此多让我感到亲切的词。当时我认为，汉语是完全“另外一个系统”或“另一种思维方式”。

但今天我知道，中国人在很多方面与欧洲人用一样的词汇。在思想上我们早已成为弟兄，尤其是在1949年后，“白话”和“普通话”得到推广，原来的“半文言文”已经消失。

今天的华人习惯用“性”（如“纯洁性”）和“主义”，但很少人反省自己使用的概念是从哪里来的。“主义”也是拉丁语来的。到了13世纪，欧洲大学里的学人之间有很多学派和争论，而他们开始用后缀-ista和-ismus（比如nominalismus：唯名论，唯名主义）来表达某一个思想倾向或意识形态。然而，因为现代汉语的术语都用汉字书写，人们感觉不到这些词的词源是外来的。

实际上，拉丁语也“改造”了很多传统的汉语词语。比如，在古汉语中“社会”指“社火”和“庙会”之类的群体活动，但在今天的汉语中人们更多把“社会”与“社会关系”“社会阶层”“社会学”“社会主义”等词联系到一起。拉丁语帮助我们恢复了“社会”的原来含义：societas（英语society）来自socius，即“盟友”“朋友”。因此，社会就是朋友关系的产物。而且，在中世纪拉丁语中，societas也指“协会”“民间团体”，意味着人们组织“社团”，过丰富的社会生活。

古汉语和拉丁语之间惊人的相似性

不仅如此，在古汉语和拉丁语之间也能发现一些惊人的相似性，比如：罗马人的pupilla有两个含义，第一指“小女孩”，第二指“眼瞳”。而汉语的“瞳”为什么在“目”旁边放一个“童”呢？难道都是因为我们在对方眼睛里看到我们自己的形象——一个被缩小的“童”？否则如何解释“小孩子”和“瞳”这种“不谋而合”的现象呢？

还有其他例子：拉丁语fructus的主要意思是“水果”“果子”，但它与汉语的“果子”一样也可以表示抽象的“结果”。这种说法可能受到佛教启发：“前因后果”。汉语的“种瓜得瓜”等于拉丁语的成语Sicut seminaveris ita metes。然而，拉丁语的fructus还可以指“胎儿”“孩子”，比如fructus ventris tui（你生的孩子）。因为拉丁语的单词在很多方面受法律思想的影响，fructus也有“享受”“享用”“受益”“孳息”和“受益权”的意思。

无论东方人还是西方人，都使用“花朵”和某些动物来比喻妇女的美丽。

比如拉丁语形容词florens（开花的）有“美丽”的意思，这好比中国人说一个人是“一朵花”。很多中国女孩子的名字是“小花”或“红梅”，而西方也有一样的现象：拉丁语的rosa（玫瑰花）成了Rose（罗莎），拉丁语的lilium（百合花）成了Lily（莉莉），希伯来语的susanna（百合花）成了Susan（苏珊），等等。拉丁语的margarita（珍珠；来自希腊语）也成为女子的名称Margaret（玛格丽特），正如汉语中“林黛玉”这个名字。

汉语的“高”“平”“低”不仅表示身材，也表示某种心情和态度，比如“高傲”“平易近人”和“低落”。拉丁语同样用这样的词来表达心灵的态度，如celsus（高的）也可以指“骄傲的”，aequus（平等的）可以指“平静的”“公平的”，humilis（矮的，低的）可以指“不起眼的”“低劣的”。此外，拉丁语的sublimitas（高度；崇高）将“优秀”和“高度”联结起来，类似汉语的“高尚”。

拉丁语的caput（首）可以指“一国之主要城市”，是现代汉语“首都”的根源。同时，caput也是文献的“一章”，即英语的chapter（章）。耐人寻味的是，汉语也使用“首”来指“章”，比如“唐诗三百首”。

汉语的“丁宁”与“丁当”都是象声词，但“丁宁”还有“反复嘱咐”的意思。拉丁语的tinnire也结合这两种意思：nummuli tinniunt（硬币丁零当啷响着）和nimium iam tinnis（你丁宁和嘱咐已太多）。

这种例子还有很多，都可以在我的《拉丁语桥》一书中读到。我想让更多中国读者有机会学习拉丁语，因此编写了好几本教材和词典。今天中国学生花很多时间学习古汉语，但学习拉丁语的人仍然很少。

2002年，我开始在北京教拉丁语。20年后，我对拉丁语教学的兴趣不但没有减退，反而一直在增加。

拉丁语也给我很浓厚的归属感。比如，2018年在北京发现最早留学欧洲的华人郑玛诺的墓碑，碑文是汉语和拉丁语并列的，很巧妙地接合了这两种文化，而我开始读这个人的故事时就觉得在某种意义上是自己的故事。郑玛诺的一生和他的双语碑铭使我产生了对北京这个“灵都”的深厚敬仰和珍惜。

万百安：美国最高法院门楣为何有孔子像？

万百安（Bryan W. Van Norden）是美国瓦萨学院哲学教授，同时是武汉大学哲学学院客座教授。他著有10本关于中国哲学和比较哲学的书籍，包括《中国古典哲学导论》《中国哲学解读：从汉朝至20世纪》《中国古典哲学解读》等。他的多部著作和文章已被翻译成阿拉伯语、汉语、丹麦语、爱沙尼亚语、波斯语、德语、韩语、葡萄牙语、西班牙语和土耳其语。

万百安

“在美国建国之初，现代民主和现代科学正在奠基阶段，人们把孔子奉为西方启蒙运动的世俗圣人，而美国的开国元勋又都深受欧洲启蒙思想的影响。托马斯·杰斐逊、本杰明·富兰克林、詹姆斯·麦迪逊、托马斯·潘恩和约翰·亚当斯等人都对孔子及其思想有着浓厚兴趣和正面评价。”

美国最高法院官方网站的简介中这样写道："游客往往注意不到最高法院大楼东侧的尖顶和廊柱。这里的雕像群由赫蒙·麦克尼尔雕刻，主雕像是伟大的立法先贤摩西、孔子和梭伦，两侧人像浮雕象征着执法、仁慈、解决国家争端、海事和其他最高法院的职能。"

为何孔子像会雕刻在美最高法院的门楣之上？万百安作出了解读，探寻中国哲学思想曾经对美国的影响，以及为如今的中美关系所带来的启发。

万百安研究中国哲学逾30年，曾翻译《孟子》等多部中国哲学经典。他一直倡导哲学教育应打破以西方为中心的视角，摒弃偏见与误解。他的近著《哲学上的拨乱反正：多元文化哲学宣言》中文版也即将与读者见面。

中新社 孔子像为什么会出现在美国最高法院的门楣上？这个细节好像许多美国民众也不太了解。

万百安 最高法院大楼东西两侧门楣各有一组雕像群。西侧正门上方中心的雕像是正义女神，她周围还有一些具有象征意义的雕像。东侧门楣人们不常看到，因为这里不是主入口。如果只是来参观最高法院大楼、出差或者旅游，通常你只会看到西侧门楣。但东侧门楣非常有意思，中心雕像群从左至右依次是孔子、摩西和古希腊立法先贤梭伦。

中新社 这尊孔子雕像设计的寓意是什么？在为数不多的中文简介中，有的说法认为孔子是道德的象征，也有人认为是教育的化身。

万百安 这组雕像的设计者麦克尼尔曾说，他是用这三个人物来代表美国文明的东方起源。东方起源的象征出现在美国最高法院东侧的门楣上，其实非常有意味。

根据美最高法院提供的史料记载，麦克尼尔在写给当时最高法院建设委员会的信中，是这样解释自己的创作初衷的："法律是文明的一个要素，美国的法律自然地继承或派生于以前的文明。因此，最高法院大楼的东侧门楣雕像群寓意对源自东方的基本法律和戒律的借鉴。摩西、孔子和梭伦被选为三个伟大文明的代表，形成了这个中心雕像群。"

中新社 孔子及其哲学思想对早期的美国有着怎样的影响？

万百安 在美国建国之初，现代民主和现代科学正在奠基阶段，人们把孔子奉为西方启蒙运动的世俗圣人，而美国的开国元勋又都深受欧洲启蒙思想的影响。托马斯·杰斐逊、本杰明·富兰克林、詹姆斯·麦迪逊、托马斯·潘恩和约翰·亚当斯等人都对孔子及其思想有着浓厚兴趣和正面评价。

美国最高法院的办公地点从纽约、费城一路南迁至华盛顿，直至美国独立150多年后，才确认了现今的永久办公地点。这座大楼20世纪早期才建成，即便如此，我认为这组雕像群的设计理念依然体现了孔子对美国开国元勋的巨大影响。

中新社 在最高法院的建筑简介中，为何孔子是作为立法先贤（lawgiver），而不是中文语境中的圣贤或教育家的身份出现？

万百安 从中国人的角度来看，把孔子列为立法先贤有点奇怪。但问题是，大多数美国人，即使是崇拜孔子的美国人，也不知道法家与儒家的区别。所以当他们想要致敬中国文明时，唯一熟悉的就是孔子。他们不清楚"礼"和"法"之间的区别，但将孔子视为道德的楷模，因此选择他来代表世界文明的一部分。

中新社 在当代美国社会，人们对于孔子或者中国文化有着一种怎样的态度？

万百安 美国人对中国和中国文化的态度是非常复杂的。一方面，像本杰明·富兰克林、托马斯·杰斐逊这些开国元勋那样，很多知识分子非常尊重中国传统，热爱中国人民。但也有很多人看不起中国传统，不尊重中国人民。

在我看来，大多数美国民众或者说美国社会的主流观点，对于中国哲学思想是存在误解的。美国人更多的是借用孔子或其他中国哲学家的某句话，为自己的观点服务。比如，已故的美国最高法院大法官安东宁·斯卡利亚就表达了美国人对中国哲学的一种普遍误解，即将其视为“签语饼里的神秘格言”。但在现实生活中，中国哲学有着富有说服力的论证和细致的分析。

中新社 目前，美国大学对于中国哲学的教育现状是怎样的？

万百安 在美国100所培养哲学博士的大学中，大约只有13%开设了有关中国哲学的课程。我希望这种情况会有所改变。尽管老一辈美国哲学家对中国哲学的看法往往非常狭隘，但年轻一代的哲学家，无论是博士生还是助理教授，他们的思想要开放得多。我对未来很乐观，人们将会有更多的机会接触中国哲学。

中新社 您认为，目前中美两国的交往中缺乏何种要素？

万百安 在西方政治哲学中，个人主义思潮影响深远，他们会强调“自私”这样的人类动机。相比之下，经典的西方哲学家，比如柏拉图和亚里士多德，他们的观念与儒家思想有相似之处，更倾向于社群主义，强调人是社会的一部分。尽管柏拉图和亚里士多德等人的政治哲学强调人的背后是社会，但当代西方政治哲学却忽略了这一事实。我认为，在西方存在一种对中国的误解，即西方人不了解中国人如何通过合作解决共同面临的问题。

中新社 您曾多次专门撰文指出美国必须了解和学习中国哲学，其中最重要的原因是什么？

万百安 正如中国领导人所说，孔子创立的儒家学说以及在此基础上发展起来的儒家思想，是中国传统文化的重要组成部分。对美国来说，更多地了解中国文化和儒家思想至关重要，因为美国和中国是两个超级大国，需要彼此了解，才能在未来取得长远而富有成效的发展。

文化上的相互了解，对于美中两国来说都非常重要。在中国，很多人至少知道一点美国文化，但仍然有很多美国人对中国文化非常无知。特别是过去4年美国领导人对中国的负面态度，也让学习中文的美国人变得越来越少。

中新社 您认为哪些孔子的智慧可以给予中美关系以启发？

万百安 己所不欲，勿施于人。

（记者 陈孟统）

法比奥·马西莫·帕兰迪：中国与西方的发展模式有何不同？

法比奥·马西莫·帕兰迪

法比奥·马西莫·帕兰迪（Fabio Massimo Parenti），意大利洛伦佐·德·美第奇国际学院副教授、外交学院国际经济政策学外籍副教授。他从事当代中国研究15年，教授全球金融市场、中国发展和全球性转移、全球化和社会变革、战争和媒体等课程，最近进行新疆维吾尔自治区的相关研究。著有《中国之路——对于共同未来的挑战》《地缘金融和地缘政治学》《繁荣的社会主义》等多部意、中、英文专著。

“相互了解、相互尊重应成为全球治理的前提条件。在中国的愿景里，全球治理应促进和平关系，这需要持续的承诺、讨论和对话。”

中国的发展与西方强国的崛起有着巨大差异。中国的和平发展不损害第三国利益，从未通过发动战争或剥削人民来实现。换句话说，“中国奇迹”并非从天而降，也未有过殖民主义和帝国主义做法。恰恰相反，这一伟大变革是通过中国共产党的百年实践得以实现。

中国发展模式的独特性

中国外交传统中的一个关键词是“共存”，即拒绝政治实体之间的对抗，持续倡导反对国际竞争、冲突的理念和做法。在70多年时间里，中华人民共和国跃升为全球第二大经济体，经济社会发展速度举世瞩目。当代中国的发展令人惊叹，不仅在于发展速度，更在于其文明的长盛不衰。

我近期出版的意大利文新书《中国之路——对于共同未来的挑战》（有简短的中文和英文版），试图分析中国模式与西方模式相比，在国家和国际层面的独特性。

中华文明虽已高度现代化，并能够学习和借鉴西方文明发展过程中的先进文化，但不同的是，中国有着独特而悠久的历史。历史、哲学和实践的连续性普遍存在于当代中国政治中，这种传承以儒家传统为中心，并在历史上与道教和佛教相融合。正如英国学者马丁·雅克所言，与其他发展中国家不同，中国的政治制度并未被西方化。了解真实的中国，是建立良性、和平、有远见的合作关系的最低要求。

相互了解、相互尊重应成为全球治理的前提条件。在中国的愿景里，全球治理应促进和平关系，这需要持续的承诺、讨论和对话。

如何理解中国的和平发展?

中国实现和平发展的主因有三个方面。

首先，和平始终是中国历史发展的主流。费正清和乔万尼·阿里吉均强调，中国除少部分地区，曾有长达五个世纪的和平时期（14至19世纪），但欧洲只经历了约一个世纪的持续和平（1815年至1914年）。总体来说，中国自古以来从未有过对外扩张，也不是军备竞赛的推动者，而西方国家却相反。

第二，和平与和平发展是社会主义的重要特质和愿景，也是民族解放和发展的先决条件。近代历史上，中国一直是反对帝国主义的重要力量，也是第三世界不结盟运动的重要力量。

第三，和平是当代中国外交文化的基本原则。1954年以来，中国外交文化一直遵循和平共处五项原则：互相尊重主权和领土完整、互不侵犯、互不干涉内政、平等互利、和平共处。

“一带一路”倡议是中国和平发展的又一明证

“一带一路”倡议通过交流、对话、相互理解来建立和平关系，不仅是加强商业和金融相互依存的途径，也为加强国家间政治协调、人文交流和相互理解提供机遇。

中国充分认识到解决区域间互联互通问题的必要性，因而提出以欧亚大陆和非洲为中心、覆盖全球范围的“一带一路”倡议。古丝绸之路交流合作的历史，为今天该倡议的产生提供了重要的文化基础。

“一带一路”倡议始终坚持实体经济优先、民生重于利益、合作重于竞争，以伙伴关系取代联盟集团（不存在国家间的政治歧视），以包容取代对抗（不要求军事联盟或投资），因此是中国和平发展的又一明证。历史上，西方从未诞生过类似计划，即便在其鼎盛时期也没有。

资本主义扩张通过商业、金融竞争或地缘政治竞争攫取和摧毁对手资产，增加国家间对抗，为“无休止的积累”创造空间。在过度扩张中，某些海外经济资本实际上是通过金融或军事行动（美国模式），在缺乏竞争、政治腐败条件下，以极低价格攫取利益。

中国的做法与此相反，不通过军事扩张，也没有建立令人窒息的信贷体系，而是与合作伙伴在谈判协商基础上确立可持续的贷款额度，并且不附加任何政治条件（如不干涉内政），坚定支持多边主义与和平共处。可以说，具有中国特色的全球化正在形成。

从新自由主义全球化到中国特色的全球化？

新冠疫情引发新的系统性危机，西方暴露出过去几十年积累的结构性缺陷，这些错误和弱点与新自由主义全球化的政治经济模式不无关系。信息混乱、社会分裂、西方政府对疫情的低估和政治化操作，就是其中的几个例子。

新自由主义全球化可与20世纪70年代末开始的“对凯恩斯革命的反革命”过程联系起来。几十年来，各国联系日益密切，但社会经济不平等、不稳定因素也在加剧：如20世纪80年代、90年代和21世纪前十年的系统性金融和经济危机，以及以虚假“反恐战争”为名发动“人道主义”战争（实际是出于战略目的支持区域恐怖主义行动）和政权更迭。

今天，新自由主义全球化的本质越来越清晰。国家对经济的干预日益减少（推动市场管制的放松），政府成为商业团体及其特殊利益的代言人，西方新自由主义暴露出深刻的结构性缺陷，在与中国提出的人类命运共同体理念相比时显得尤为突出。

如前所述，新自由主义全球化的历史，以系统性危机和“人道主义”战争为标志，造成20世纪90年代以来最邪恶和最具破坏性的结果。

另一方面，中国加快港口、铁路、工业、数字、航空等基础设施建设，加强诸如医疗卫生等全球议题的国际合作和研究，“一带一路”倡议和中国的国际影响力持续扩大。

西方模式具有侵略性和破坏性，中国的和平发展模式是其替代方案。因此，美国及其盟友开始制造“威胁论”以试图阻碍中国发展：通过军事、金融、社会、媒体的联合行动重建和复制单极世界体系，不断玩火。这将使他们失去最后残留的公信力。

西方正将自己和世界置于持续动荡和混乱之中，中国则以一种建设性、合理和有效的方式弥补国家间差距，为全人类而非为少部分人谋利益。

S.R. 巴特：为什么说“文明的冲突”是不明智的？

S.R. 巴特（S.R. Bhatt），印度哲学大会与全印度哲学联合会主席。印度德里大学哲学系退休教授、前系主任。主要研究领域为古印度哲学、逻辑学、认识论、伦理学、价值理论、教育哲学、宗教哲学、比较宗教、社会政治思想等。代表作有《罗摩努迦吠檀多研究》《知识、价值和教育》《佛教认识论》《印度思想中的自我概念与至尊灵魂》《吠陀智慧、文化传承与当代生活》等。

S.R. 巴特

“人类文明就像一个由各色花朵编织而成的花环，每朵花都是花环所散发的混合香气的贡献者；又像管弦乐队中多种乐器共同演奏而成的交响乐，每件乐器都贡献了动听曲调。”

大自然赋予了人类巨大的潜能。从思想建设和系统建设的角度来看，系统思维是发挥人类潜能的重要途径之一，具有实践性。每一种思想体系都是一个时代和文化环境所需的结果。人类思考并非源于文化真空或虚无。有意义的人类思考必须根植于特定的文化经历，但这并不意味着它们不具有普遍意义，因为人性需求和愿望在大体上是相同的，因此人类思想应当既有地域性，又有全球性，既有个体性，又有普遍性。人类的文化遗产对所有人开放，应当由所有人共享，而不应采用任何禁锢或闭门造车的方法。

虽然人类的思想和价值追求不分地域，但每一种文化都有其独特的东西，需要在区域内或跨区域范围内使用。每一种文化所追求的价值都是全球性的、普遍的，而追求和实现这些价值的方式都具有独特的地域基础。

人们关于多样的现实体验有多种表达方式，因此我们的思维模式和生活方式不应当是统一的，更不应当有任何制度化的规定，这是不恰当和不公正的。真正的思想必须源于受文化制约的具体生活经历。因此思想民主必须作为指导方针，合理的争论空间应始终存在。有创造力的人们不会总是意见一致，需要通过辩论、交流、对话和空间，以获得真理。

文化多元主义

这是一个多元主义的时代，人类拥有多种多样的文化，并且每种文化都有其独特之处。文化的方方面面是人类发展的重要组成部分。文化既是个人的，也是社会的，既是一个社会所应继承的全部遗产，也是社会产生和保存的物质、思想和智力财富的结晶。

现实的丰富性和复杂性不能用排他性的“非此即彼”来理解。二分法或排他性的方法不利于理解其多样性、动态性、开放性和无限扩展性。

现实在本质上是统一的，而多样性则是现实的创造性表现。“一”变成“多”，而“多”是“一”的创造性游戏，因此“一”存在于“多”，而“多”存在于“一”。正如《华严经》所言，“一即一切，一切即一”。在这一整体观念中，“一”在本体或存在上优先于“多”，但这并不意味着“一”在价值上有优越性。其基本思想是，由于“一”和“多”是同一现实的两个方面，因此两者并非不相容，而是相辅相成的。

从人类文明伊始，多姿多彩的世界文化就闪烁着灿烂光芒。

多元文化各不相同，令人惊异，在不同点以外，它们也有共同点和相似之处，这使我们能够相互理解，和平共处，相互加强。每一种文化中都有若干思潮不停发展演变，同时有新的思想流派加入，文化的统一性中蕴含着多样性。因而人类文明就像一个由各色花朵编织而成的花环，每朵花都是花环所散发的混合香气的贡献者；又像管弦乐队中多种乐器共同演奏而成的交响乐，每件乐器都贡献了动听曲调。当然其中也不乏一些不和谐的音符，但它们应该被视为反常现象，而非正常。所以，多元文化主义已经形成，相互分享是有益的。因此说“文明的冲突”是不理智的，因为所有文化和文明都具有同等的价值和效用，而且彼此具有互补性。当今时代需要的是文化对话、和睦与和谐。任何关于文化优越性或文化霸权的言论，都会破坏和平相处和全球和谐。

多元文化主义作为现实与生活整体观的基本支柱，是一种多元性和多样性的观点，它为和平共处、合作共赢、关怀分享、合理利用自然和人文资源以及所有存在的相互联系及其互惠性提供了依据。多元文化主义倡导平等、博爱、正义和非暴力的崇高理想。其包容、共存和协调的哲学观确保了适应的灵活性和对立的和解，这是当今时代非常需要的。多元文化主义在跨文化交流、宗教和谐、冲突解决、社会凝聚力和和平生活方面尤其有益。这种理解引导相互补充、相互合作、相互信任，并为思想和生活提供了民主。

人类文化的全球共享

共享未来，既是代内的也是代际的。它意味着限制需求、欲望和财产，抑制无节制的渴求，无节制的积累和无节制的消费，将自然资源留给子孙后代。获得财富并不是坏事，但要避免对财富的过度迷恋或不当使用。这方面的指导原则是“只使用必需的东西，把剩余的留给后代”。可持续生产和公平分配是必要的，在享用自然资源方面，人人平等，因此不应该有剥夺，这意味着代内公平也意味着代际公平。

正如我们感觉到的那样，当代全球生存环境并不尽如人意，暴力和其他弊病无处不在，这就要求我们的价值认知范式和生活方式发生转变。我们正经历在最好可能性与最坏可能性之间摇摆的关键期。

当前，人类面临着多方面、多层次的危机。人类的生存来到了十字路口，这是一个团结与和谐可以取得胜利、科学奇迹可以减轻人类痛苦和确保生活质量的时期。而恰恰在这个时期，恐怖和暴力力量以及低级冲动正在全球范围内来势汹汹，理性的人类思维面临着如何应对当前局面的困难境地。因此当务之急是探索人文资源的更深更高层面，从而通过这种方式激励文明向前发展。

在拥有丰富多样遗产的21世纪，人类仍在寻找新的范式，寻求新的见解、新的直觉和新的方法来实现全球和平与和谐，因此世界各地的有识之士都需要认真反思。人们对现实的本质和人类存在的意义存在广泛误解，从而导致全球范围内价值观的腐蚀，生命尊严和真实性的丧失，以及伪装成真正价值观的反面价值观的盛行。

在当前全球化和拥有快速交通体系的时代，世界已经缩小，多种文化共存，需要我们和平和谐相处，以获得更好的、健康的发展。从人类文明开始，就一直有迁移和移民，但在现代这一过程已经加速。多元文化主义是一个确立已久的现象。从正面看，这是一个受欢迎的信号，它丰富了人类文明。

吠陀先贤在古代就说过，让整个宇宙成为一个大家庭，这道出了我们对同一世界的归属感。所有文化之间都有着惊人的相似性，它们既有共性，又有差异。在身份与差异的框架内，多元文化主义值得称赞。这需要我们不断努力在分歧中保持团结，并促进不同文化追随者之间的和谐。宇宙是多元性中的统一性，和谐共存是在这个过程中建立的，宇宙并非是与其本质毫不相关的一片混沌，和谐是天然的、内在的。

理查德·西尔斯：中西文化交流如何为汉字“寻根”？

理查德·西尔斯（Richard Sears），中文名斯睿德，美国人，出生于1950年，汉字研究学者，“汉字字源”网站的创办者。他用20年时间整理了汉字甲骨文、金文、小篆等字形并发布到网上。全球的汉字学习者只要输入汉字，就可以查看相应的字形。因此，西尔斯被人们亲切地称为“汉字叔叔”。

理查德·西尔斯

“通过字源学习汉字，就是把‘最难的语言’化解成最生动的小故事，让人们在理解中学习和记忆，进而更好地理解中西文化差异，实现从感性到理性的飞跃，让跨文化交流更加有效顺畅。”

语言是一面镜子，映照出文化底蕴、历史沉淀和交流互鉴。当中国的发展成就不断吸引世界目光，世界也就更渴望了解中国发展背后的文化。语言，就是这座桥。

全球范围内，各国民众学习中文的需求持续增长。据国家汉语国际推广领导小组办公室（国家汉办）数据，截至目前，除中国外，全球平均每31人中就有1人曾学习和使用中文。

有“汉字叔叔”之称的美国学者理查德·西尔斯讲述了为汉字“寻根”的缘由及感受，解读在他眼中为何“汉字不仅是中国的，更是世界的”。

缘何要为汉字找寻“前世今生”？

理查德·西尔斯是国际上最早利用现代科技手段研究汉字字源的学者之一，被人们亲切地称为“汉字叔叔”。

西尔斯自22岁起学习中文，如今已年逾七旬的他花了近半个世纪学习和研究汉字。他自20世纪90年代开始利用电脑实现汉字数字化，创办的“汉字字源”网站，收录近10万个古代中文字形，用户遍布全球170多个国家和地区。

理查德·西尔斯出生于美国西部的俄勒冈州，拥有物理学学士和计算机硕士学位，却对东方文化产生了浓厚兴趣。“汉字对于外国人来说，学起来非常困难。但学下来却发现，中文是最奇妙的。”

西尔斯介绍，根据文字的种类和性质划分，汉字是表意文字，英文是表音文字。目前，世界上的绝大部分语言都是表音文字；表意的除了中文，还有日文和越南语等，后者亦深受中文影响。

怎么理解中英文的这一差异？西尔斯提出，与英文不同，汉字是由原始图画文字发展而来，表意更加直观。早期的甲骨文以象形、会意为主。尽管历经数千年，汉字的形态已经发生了很大的改变，但表意功能仍十分显著。

因此，学习汉字，需从“说文解字”入手。

西尔斯援引许慎的《说文解字》中对“说文”和“解字”的定义来说明：“仓颉之初作书，盖依类象形，故谓之文。其后形声相益，即谓之字。文者，物象之本；字者，言孳乳而浸多也。”在这层含义上，中文与英文不仅存在形态差异，其“造字”过程更是决定了两者截然不同的学习方法。

西尔斯认为，在西方的表音语言系统，词义往往通过“语素”“词根”显示。两者的深层差异决定了西方人学习汉语，不能依靠学英文的方式（即词根引申法），而需采用一套截然不同的“故事记忆法”。

“外国人学汉语与中国人不一样。中国人从小有语言环境，有拼音等系统的学习，而且汉语是必修课。”西尔斯认为，从某种程度上讲，从小耳濡目染，使得死记硬背的汉字学习方法对于中国人并不难，但对外国人则不然。外国人学习汉语，必须从兴趣入手。因此，了解汉字背后的故事尤为重要。

生长于表音语言文字环境下的西尔斯，在学习中文的过程中，深刻体会到汉字笔画繁多且复杂多变。死记硬背只会令人痛苦不堪，如果理解汉字的象形来源，就能更容易掌握汉字。于是，他开始了漫长的汉字“寻根”之路。

为汉字字源建立一个数字化网站，这在20世纪90年代还是一个空白领域。

经过近10年积淀，“汉字字源”网站于2002年公开上线，网站展示了西尔斯搜集的近10万个古代汉字的字形，点点鼠标就可以查到每一个汉字的“前世今生”。

中国通眼中的“汉语温度”

“我常说，每一个汉字都是符合逻辑的，每一个汉字都有它的故事。”在“汉字叔叔”看来，学习中文，不仅是为了掌握一门神秘的东方语言，更是为了透过文字理解数千年的中华文化。理解，亦是走出偏见、走向认同的第一步。

在“汉字叔叔”眼中，每一位外国人学习汉语都有不同的出发点。而随着中国的日益开放，国际影响力和国际地位的不断提升，各国都渴望更多地了解和借鉴中国，而汉语无疑是更好地认识和了解中国的一把钥匙。

据国家汉办统计，截至2020年，全球70多个国家将中文纳入国民教育体系，海外的4000多所大学、3万多所中小学以及4.5万余所华文学校和培训机构开设了中文课程。国外累计学习和使用中文的人数近2亿。

西尔斯切身感受到汉语热正不断升温。“我刚学习中文时，中国还是相对封闭的。学习中文、了解中国的渠道都比较少。现在中国越来越开放进步，也让外国人有越来越多的理由学汉语、学汉字、来中国。中国人的脚步也遍布世界，在全球各地都有机会碰到中国人，也让外国人对汉语产生兴趣。”

这些变化，鼓舞着“汉字叔叔”继续研究汉字字源。他认为，中西方文字的差异不仅体现在字形和字源上，更体现在双方民众思维模式、行为处事、科学观念、道德法制观念的差异。这一切的差异，都通过“文字”这个载体展现和传承下来。

“了解汉字的字源，你就会了解古代中国人的生活和文化。比如，有的字形象地展示了古代纺织，有的描绘了古代星象，有的展示了中国传统农业和家畜。每个字的背后都有一个故事，这些故事串起中国历史。”

“通过了解汉字字形的演变，可以清晰地看到汉字的造字由来、古人的所思所想，生动可爱，妙趣横生。”“汉字叔叔”说，这是与学习英文最大的区别，也是最大的乐趣所在。

西尔斯认为，如果不去深入理解每一个汉字背后的故事，就很难真正理解中国传统文化。“当然，你也可以靠死记硬背学习中文，但精髓就没了。”

在他看来，文字是传承文化的载体。文字的差异是表象，文化的差异才是根源。

西尔斯举例说：“如果不学汉字字源，就很难理解为什么中国人会倒着贴‘福’字。”

“在春节，中国人会贴一个倒过来的福字在门上。他们把这个福字倒过来，表示容器存放的东西倒进家里面，也取谐音‘福到了’的意思。这是中国人的文化。”

在西尔斯看来，中英文对相同词义的不同表达，也体现着双方的文化差异。“在中国，对cousin一词，有表姐、表弟、堂兄、堂弟等十余种具体称谓，而在英文中，就是简单的一词概括。这说明，在中国，自古以来的大家族概念依旧存在，这种强烈的亲缘纽带延续至今。这与西方的小家庭观念很不同。

同样，姓与名的前后顺序也反映了这一差异。”

西尔斯认为，通过字源学习汉字，就是把“最难的语言”化解成最生动的小故事，让人们在理解中学习和记忆，进而更好地理解中西文化差异，实现从感性到理性的飞跃，让跨文化交流更加有效顺畅。从某种意义上，这就是“民心相通”的重要一环。

突破文化边界：“汉字不仅是中国的，更是世界的”

如今，通过西尔斯的网站，全球各地的民众可以便利地自学汉语。目前，网站的全球月访问量已超过100万人次。

传统汉字与现代科技的“碰撞”，让汉字迸发新魅力，让中文学习有了更广泛的受众、更便捷的渠道。西尔斯表示，在全球化的当下，文化更不应该有“边界感”。“汉字不仅是中国的，更是世界的。”

西尔斯说：“每当有中国人对我说：‘你竟然会说我们的普通话。’我都会回答：‘中文不只是中国的，更是全世界的宝贵文化。’”

2020年12月，70岁的西尔斯拿到了盼望已久的“中华人民共和国外国人永久居留身份证”。有了这张卡，“汉字叔叔”计划长期居住在南京。2021年9月，“汉字叔叔工作室”作为“南京市文化名家工作室”，在南京挂牌成立。

“汉字是我最宝贝的东西。”西尔斯自称很喜欢“汉字叔叔”这个称呼，尽管现在已到“汉字爷爷”的年纪。“活到老，学到老。”他熟练引用一句中国古话，表达对未来的畅想。“以后，我还将努力地去打破‘文化边界’，促进中西交流，与更多人分享汉字故事。”

（记者　程励、杨颜慈）

张国刚：东西文明以何种路径才能走得更近？

张国刚

张国刚，清华大学人文学院长聘教授，博士生导师，教育部长江学者特聘教授。曾作为德国洪堡学者、汉堡大学研究员和特里尔大学教授，在欧洲从事欧洲汉学史、中西文化交流史研究十余年。历任教育部历史教学指导委员会委员、中国唐史学会会长、中国中外关系史学会副会长等职。近著有《中西文化关系通史》《胡天汉月映西洋：丝路沧桑三千年》《〈资治通鉴〉与家国兴衰》《文明的边疆：从远古到近世》等。

“构成互补、互相平衡，这是文明交流互鉴的意义所在。”

在中国人的天下秩序中，“西方”具有特别意义。从单纯的地理指代到其文化内涵的加重，从古丝绸之路发达的商贸往来到近代西学东渐，中华文明的发展从来都伴随着东西文明的交流与互鉴，其间有主动、有被迫。然而今天，一些观点认为，中华文明与西方文明格格不入、甚至势同水火，中国的崛起被视作“霸权主义”信号。从历史的脉络去寻找，我们该如何回应“文明冲突”学说？东西文明以何种路径才能走得更近？清华大学人文学院教授张国刚对此作了深入解读。

中新社 纵观人类发展轨迹，不同文明的产生是否存在必然联系？早期的东西方文明是如何相遇的？

张国刚 现代人类先祖在能人、匠人阶段分三次走出非洲，并进入亚洲和欧洲。到距今25万年的旧石器时代，人类进入智人阶段，分化为不同肤色和体型的群体，并从文化上逐渐分道扬镳。公元前12000至10000年，随着地球气候转暖，农业革命推动了人类古文明的诞生。同源的人类有着相同的智力原理，因此人类在各地创造的物质文明既具有根本上、宏观上的相似性，又在工艺、性质、用料等方面表现出区域性和差异性。

公元前2000至前1000年，欧亚大陆的东西方古文明在游牧民族迁徙推动下出现过一次大规模的交流。最早的东西方文明互动部分发轫于古印欧人，他们一支进入两河流域，一支向东南地区进入印度，还有一支经中亚地区迁徙到中国北方。大迁徙带来冲击、也带来新变化，各文明相互交流、汲取、融合，在战争与和平的交替中成长。

中新社 中西方文明交流的历史，也是双方互相认识的过程。中西方文明交流可以划分为哪几个历史阶段？

张国刚 人类文明之间的交流和互动肇始于莽原时代，碍于自然条件，其规模和形式都受很大限制。进入文明社会，特别是国家诞生以后，文明的交流互动更多受到政权、经济社会等多重因素影响。在此过程中，中国对“西方”的认识也产生了渐进式的改变。

中国在不同历史时期，对外交往的热情与路径也是不一样的，大体可以划分为三大阶段。

15世纪以前为第一个时段，可称为古典时期。这一时段中国长期在经济、科学等领域领先于周边国家，在中西文化交往中始终处于比较主动的、强势的地位。自两汉时期开始，东西打通直接联系通道，物质文化交流接踵而至。

1500至1800年的三个世纪可算作第二个时段，即晚明和前清时期。新航线的开辟，使中西交往的内容扩展到宗教、科技、艺术、思想、政治等层面，内容更加完整。这一时段，中国与西方在政治上处于对等地位，西方文化的东渐和中国文化的西传保持互惠格局。

鸦片战争前后到1949年可算作第三个时段，即近代时期，中国处于被动的、弱势的地位。

中新社 您曾在著作中提出，中西文明是真正的两个异质文明，如何理解？各文明存在差异性的同时是否也拥有共性？

张国刚 古罗马时代，地中海周边的海陆通道都是畅达的；西亚欧大陆乃至南亚地区、北非地区，自古以来交往密切。只有遥远的中国，因为高山、大漠阻隔，处在相对独立的地理区域，发展出独特的中华文明。对于西方世界而言，真正具有“他者”异质的东方，是在天山以东的中国。天山以西的所有文明实体都具有某种共同的历史、宗教、语言、战争方面的联系，共同映衬出中国文明的独特性。但差异性不代表没有共性。

实际上各文明的共同特点都是解决人与自然、人与神、人与社会、人与人之间的关系问题。简单来说就是人世间的利益既冲突又联系，所以需要治理。在治理过程中，西方强调个体权利、自治和自由；中国更注重群体利益、集体观念，约束个体权利。不同的治理倾向是长期历史传统作用的结果，中西方在人类文明诸元素的排列组合上选择了不同路径，优先考虑事项会有所差别，但终极目标都是解决人类的生存发展问题，不断提升生活品质，使人与自然、社会关系更加和谐。

中新社　您曾经不止一次地提到过文明互鉴的过程存在“郢书燕说”式的解读，这种以自我需求为导向的相互影响是如何作用于中西文明交流史的？

张国刚　“郢书燕说”即指选择式的解读或“误读”，历史中比比皆是。

对外来文明而言，本土文明对其中某些元素的选择和借鉴过程，彰显了这种外来文明蕴含的不同于原生方向的可能性，这也是对其超越时空价值的文明元素的发现和提示。

需求是影响文化交流的重要方面。就佛教来说，释迦牟尼的本生故事在中国被强化了“孝”的内容。唐末五代，中国佛教徒编纂出“二十四孝”的故事；印度禅学在中国被发展成佛教禅宗。元杂剧《赵氏孤儿》被伏尔泰改编成《中国孤儿》，所要表达的道德诉求契合欧洲社会的需要，与同时代的亚当·斯密《道德情操论》表达的诉求一致。古代中国的编年史以伏羲为始祖，欧洲启蒙思想家从中发现了挑战天主教权威的有利证据，从而采信并加以发挥。

商品也是一样。明清两代，西方对中国的瓷器有需求，瓷器及其生产技术传到西方，被接受、消化且制造出比中国更高质量的瓷器。指南针是中国发明的，但西方人把指南针改造成航海罗盘；到清朝，中国又把罗盘引入进来。

文明之间有流动，接受方有需求才能形成交流。各文明的不同经验在被解读后，通常会加入自己的现实需要，这是一种借鉴及改造，起到本土化、工具化的作用。今天再讲“郢书燕说”是希望给大家一个警示，对西方经验百分之百地照搬行不通，需要加以改造，为我所用、为我能用、为我适用。

中新社　今天，地球已成为一个村落，各文明如何通过交流互鉴实现彼此认可、共融？“天下大同”，您认为如果当今世界有共同价值的话，那是什么？

张国刚　由于西方率先进入工业化，几百年来，西方文明呈现出强势特征。但世界大多数发展中国家仍在贫穷和落后状态中挣扎，说明西方文明不可能完全解决人类面临的发展问题。

不同文明各有特色，共存而互补；世界不可能统一于某一种文明。从现实层面讲，在西方文明之外，需要有另外一种特征的文明打破一段时间以来不对称的状态。不论从历史还是现实的角度，中华文明能帮助达到平衡。人类文明向前发展需要有更多的思路，需要更多的包容性。

中国帮助14亿人实现全面脱贫并走向现代化，这是属于人类文明的一大成就。中国的强国梦从来不是寻求霸权主义，而是解决世界的平衡问题，帮助人类实现共同富裕。

尊重彼此的文明特性，一要改变思想观念：世界在变化，不要故步自封、自以为是。二要改革：西方需要解决意识形态纷争、民粹主义等问题，中国则要进一步完善法治化、市场化、国际化及国家治理能力现代化。自由、民主、人权、法治这些理念在中国社会主义核心价值观中也有表达。构成互补、互相平衡，这是文明交流互鉴的意义所在。

（记者　邱艺宁）

王辉耀：完善全球治理，东西方如何“求同存异”？

王辉耀

王辉耀，全球化智库（CCG）理事长，国务院参事，商务部中国国际经济合作学会副会长，人社部中国人才研究会副会长，中国公共关系协会副会长，西南财经大学发展研究院院长，中国人民外交学会理事，中国太平洋经济合作全国委员会理事，清华大学全球胜任力发展指导中心顾问委员会成员，巴黎和平论坛指导委员会成员，国际大都会国际执委会执委。在全球化战略、国际商务、智库研究、企业国际化、中美关系、人才发展等领域有丰富研究，出版中英文著作80余部。

“东西方国家间存在的异同不是一成不变的，要在增进对话合作中，用系统性的、发展的眼光看待东西方国家间存在的差异、合作及竞争关系。”

当今世界正经历百年未有之大变局，现有全球治理体系跟不上全球实践的问题日益凸显。全球化背景下，面对疫情扩散、气候变化、资源短缺、战火冲突等事关全人类生存发展的问题，东西方国家如何“求同存异”，推动全球治理体系变革，共同维护世界和平稳定，成为亟需思考的议题。

全球化智库（CCG）创始人兼理事长、国务院参事王辉耀就以上话题作出探讨。

中新社　您曾提到，现有全球治理体系已跟不上全球实践。对此，应如何理解？可否结合当下新冠疫情全球扩散、气候变化等问题，谈谈当下全球治理短板？

王辉耀　当前，全球化已跨入一个新的历史节点，全球化的发展带来了基础设施、数据安全、技术发展及商业模式等的新变化，对全球治理提出了新的要求。同时，中国等新兴国家崛起也改变了国际格局的力量对比，旧有以美国等西方大国为主导的全球治理体系对发展中国家的代表性和包容性不足。尽管美欧实力有所下降，但仍维持了较强的制度创建和制度控制能力，发展中国家的话语影响力及规则制定权受限，利益诉求不能得到很好的彰显，甚至会被忽视乃至于牺牲。气候变化、环境污染突出、国际恐怖主义猖獗、新冠肺炎等全球性流行病暴发等充分显示了我们生活在一个相互联系的世界，只有各国通力合作才能实现人类的可持续发展。然而，现有全球治理机制在建构与改革上存在滞后性，推动各国通力合作上显得力不从心，其有效性已明显不足。

当前全球治理面临的时代困境，究其根本在于现有全球治理体系与世界政治、经济、社会发展现状存在一定脱节和矛盾，从而导致既有治理机制不能很好地发挥作用，也限制了既有机制改革完善及新型全球治理机制创建创新。而目前全球治理机制之所以屡屡失灵，领导力缺失是主要短板。

时代呼唤多边主义，而成功的多边主义实践大国发挥领导力是关键。中美可争取建立良性的竞合关系，一方面美国要回归多边主义，另一方面中国也要多发挥作用。中美建立超越零和博弈的新型大国关系，将斗争管控在可控领域和程度，在全球性问题上创造更多双多边沟通对话及合作机制，将为稳定中美关系及维护世界局势的和平稳定作出重要贡献。

同时，中美欧作为世界力量中的重要三级，可建立中美欧协调机制。通过建立中美欧常设性、机制化、多层次、宽领域对话合作机制，中美欧可对国际关系及全球治理领域突出问题进行经常性对话，从而可增进中美欧相互理解与互信合作，同时提升全球治理效率，更好维护世界和谐稳定与繁荣发展。

中新社 东西方国家存在利益诉求、意识形态等方面的差异，双方应如何“求同存异”，共同推动全球治理体系变革?

王辉耀 东西方国家间存在的异同不是一成不变的，要在增进对话合作中，用系统性的、发展的眼光看待东西方国家间存在的差异、合作及竞争关系。东西方国家“求同存异”的基础是一定程度的相互理解信任及共同的利益诉求。中国的发展道路打破了“历史终结论”，但这并不意味着中国在发展模式、意识形态、政治制度、利益诉求等方面与西方迥异。除了经济领域，在政治理念及发展模式上，如今民主理念已深入人心，但民主发展模式却有不同，西方崇尚议会选举民主，而中方适合协商民主，同时市场经济发展及新技术发展下人民自主选择也不失为一种市场经济民主及现代科技民主。

全球化深入发展使东西方国家间面临的共同挑战与共同的利益诉求都增加了，东西方国家可通过改革现有机制及建立新的国际机构振兴国际领导力、进行利益捆绑、巩固合作基础并共同面对挑战。可先从具体的实践合作入手，再循序渐进寻找、扩大并建立起观念上的相互理解或认同，寻求扩大对共同理念下具体模式差异性的认知与接受度，这是相对简单务实且明智的方式。观念往往根深蒂固却也是流动的，东西方可在相互学习借鉴中取长补短、融会贯通。中国可进一步加强自贸区建设，稳步提升对外开放水平，通过市场这只“无形的手”建立起东西方广泛、深刻而紧密的联系，使东西方“求同存异”成为一种自发性、群众性、市场化选择。

近年来，全球双边和区域自贸协定逐年增加，已达349个。美国有15个自贸协定，贸易伙伴21个，贸易额占比达44%；中国有19个自贸协定，26个自贸伙伴，但贸易额占比仅36%。相较而言，韩国、日本、加拿大等国自贸伙伴数量均超过50个，贸易额占比高达75%–85%。与国际高水平自贸协定相比，中国在劳工、国有企业、电子商务、公平竞争、环保等方面的规则制定上差距还较大。在负面清单方面，海南自贸港负面清单正在制定，全国、自贸试验区负面清单尚无，自贸协定的服务负面清单正开始谈。根据经济合作与发展组织（OECD）研究，中国服务贸易限制性指数在46位中居43位，中国数字服务贸易限制性指数在46位中居46位，而在投资限制性指数上中国居84位中的第76位。国际高标准自贸协定涉及电子商务、竞争政策、国有企业、知识产权、劳工、环境等边境后议题，且适用争端解决。中国自贸协定相较而言内容以交流合作为主，多原则性表述，且面临劳工、国企、电子商务等敏感问题，不适用争端解决。当然，中国制度性对外开放的步伐虽在稳步加快，但也要充分考虑国内配套设置的完善及制度性变革对国内社会的冲击力，这会是一个相对缓慢的过程。

中新社　中国与西方如何建立一个价值观对话方式？如何更广范围地传播中国的治理经验？中国的做法中有什么需要反思的吗？

王辉耀　西方在意识形态、价值观上对华误读的确是西方一些人长期以来敌视中国的一个重要原因。但很多敌视中国的人实际上可能并未到过中国，而在中国学习、工作、生活多年的外国人往往都对华很友好。同时，从制度及规则的角度来看，中国经济社会实践凸显了政治体制及发展模式优势，中国的全球化发展也进入到了在制度性改革中构建国内统一大市场并进一步对接国际、参与重构国际规则的阶段。因此，进入新时代，在百年未有之大变局下加强国际传播能力，建立中西方在价值观上的对话是一个全域化、全员化、全方面的系统性工程。

中西方对彼此价值观的分析解读主要来自具有一定专业性、权威性和影响力的学界及政商界等意见领袖及相关机构。中西方建立价值观层面对话，首先要在双方知识精英、具有一定话语权的权威人士之间建立起对话。所谓对话，是双方以增进相互了解为目的进行的双向的、平等的、缓和理性的信息交流，需要在一个共同的对话场域中既认真听也详细说，在相互释疑解惑、坦诚分享中增进对彼此的认知，从而实现共情。

同时，在中国持续扩大开放及国际人才全球化流动的全媒体时代，中西方价值观对话渗透在各领域各界公众工作生活中。因此，要建立中西方价值观对话并在更广范围内传播中国的治理经验，需要开展多群体、多阶层、多方式、多渠道、多口径的多元化交流。全球化智库（CCG）秘书长苗绿博士2020年与当代中国与世界研究院共同发起建立了“国际青年领袖对话”项目，获得好评。可见民间组织在开拓国际交往方面潜力巨大，可结合自身领域及资源优势通过多方合作聚力发挥融合效应，在对外传播方面由点及面产生广泛而深远的影响。

时代变迁往往伴随着技术产业、社会实践、体制机制、观念思想等的全方位变迁。在新旧思想博弈交替阶段，使更具包容性的新理念新风尚占据主导也是中国对外交往及传播的重要方面。后疫情时代推动全球治理体系改革需要与改革图景相对应的新的全球治理理念及叙事方式，这需要包括中国在内的各国各领域多层次人士在知识创新、交流对话、实践合作等各环节做好新的全球治理叙事创造与传播工作。

（记者　马秀秀）

许杰：文化交流之桥，如何跨越中西？

许杰，旧金山亚洲艺术博物馆馆长。1983年，许杰大学毕业并进入上海博物馆担任馆长秘书。1990年，前往美国普林斯顿大学学习，博士研究方向是中国早期艺术与考古。毕业后，曾在西雅图艺术博物馆中国艺术部、芝加哥艺术博物馆亚洲艺术部工作。2008年，入职旧金山亚洲艺术博物馆，成为美国大型博物馆的首位华人馆长。2015年，当选美国艺术与科学院院士。

许杰

“国与国之间庆祝友好关系时，往往以文化和体育活动来呈现，显示出文化交流‘锦上添花’的作用。当国与国之间有重大矛盾时，往往也是通过文化活动来突破危局，可谓‘雪中送炭’。”

美国旧金山亚洲艺术博物馆是一家致力于传播亚洲文化艺术的机构，收藏近两万件横跨六千年历史的亚洲文物。其中，关于中国文化的藏品最为丰富。在跨文化交流中，博物馆如何起到桥梁作用？旧金山亚洲艺术博物馆馆长许杰表示，让文化突破政治的局限，就是要找到最大公约数。博物馆能超越政治，强调人与人之间的交流，文化与文化之间的交流。

中新社 您在中西方博物馆都有工作经历，刚进入西方博物馆时，两者哪些差异令您印象深刻？

许杰 我正式进入美国的博物馆工作是在1996年，在西雅图艺术博物馆担任中国艺术部策展人。当时我的第一个感觉是，中美在博物馆运作方面有所不同。中国博物馆的实力在于有团队，而美国的博物馆很强调个人。在美国的综合性博物馆，往往不可能每一个文化门类都有许多员工，一个人必须承担各方面工作。这种机制有很大好处，独当一面就有很多发挥才能的机会。但挑战在于，无人能做到面面俱到，必须同馆外的中国专家合作。

中新社 在美国的博物馆工作，您华人身份的优势和挑战是什么？

许杰 与中国合作，我的身份有很大的便利性。首先，我在中国工作过，与中国同行来自同一种文化，在语言、思路及学养方面有很多共同点。另外，我在上海博物馆工作过7年，当时担任馆长秘书。这是一个得天独厚的机会，让我对博物馆运作的各方面都比较了解，对我后来在美国博物馆行业的工作有很大帮助。

华人身份也面临挑战。中国古人说“山外看山”，作为一名华人，一方面要加深中国文化的修养，另一方面要拓宽自己的视野，在全球视野下反观中国文化艺术。我们既要具备中国文化的深度，又要有世界文化的广度。

中新社　西方博物馆展出的中国展品通常是历史文物，呈现给西方观众的往往是“历史上的中国”。西方博物馆应该如何向观众展示现代的、真实的中国？

许杰　就旧金山亚洲艺术博物馆而言，一方面在保护和推广传统艺术，另一方面，也永远面向未来。我们讲究古今贯通，让当代艺术进入展览，通过今天的语境来陈述古代艺术。对传统的重视与现代化完全不矛盾。

中新社　博物馆应该如何处理“精英化”和“大众化”的关系？

许杰　我们身处的不是一个两元的时代，而是一个多元的时代。因此，“大众化”和“精英化”完全不矛盾。我对团队的要求是，所有工作都必须以第一流的学术为基础。我们非常乐意与象牙塔里的学者展开合作，同时，主要受众也来自各行各业的普罗大众。我们必须把最精深的学术，以最浅显易懂和喜闻乐见的形式呈现给大众。

比如，以犀牛为造型的“小臣艅犀尊”是馆里最有人气的一件文物，也是我们的吉祥物。我们在网上向全球通过投票为其征集爱称，居然找到一个西班牙文昵称，叫Reina，是皇后的意思。作为青铜器专家，我对这件器物相当熟悉，可也不清楚其性别，因为古代工匠并没有表达这一内容。通过公众投票，大家认为这件文物是女性，且是一位高贵的皇后，可说是一段佳话。

中新社　如何在西方语境中讲好亚洲尤其是中国故事？

许杰　在西方语境中讲述亚洲和中国文化的故事，关键在于“沟通”和“关联”。一定要找到西方观众所熟悉的一个切入点，从而引领其进入不熟悉的文化中。

第一，古代和当代的关联。

我们做过一个展览，其中一半展品是我们馆藏的古代文物，另一半是当代艺术家的作品。把它们放在一起展陈，可以让观众看出，当代艺术家如何受到古代艺术的启发。另一方面，这样的展览还能以当代艺术的视角反观古代艺术，拓展古代艺术的生命力。

第二，亚洲和全球的关联。

前几年我们做过一个名为“世界中央的中国”的展览，以世界全图作为展览主题，向观众展示了两幅地图：明朝晚期的《坤舆万国全图》和清朝初期的《坤舆全图》。这两幅地图都是西方传教士和中国技师一起合作，为中国皇帝定制的，所以都把中国放在世界中央。地图是人们了解世界的一个重要手段，这个展览就是以地图的概念来反映当时中国在全球的地位，以及中外交流情况。

第三，艺术和生活的关联。

这一项关联尤其重要。我们所有的展览，都要同今天的美国生活产生关联。2013年，旧金山亚洲艺术博物馆以“不朽”为主题做了一次兵马俑展览。我们请所有观众带着这个“不朽”的视角参与到展览中。其实，每个人都能做到不朽。比如老师培养出了好学生，社区义工帮助了老人，科学家发现了重要科学理论，这些人就实现了不朽，这种追求是全世界共通的。在“不朽”这个主题的引领下，观众就理解了为什么秦始皇要制作那么多兵马俑，留下那么多精彩文物，原来他是追求身后世界的永恒。

中新社　中西方博物馆有哪些经验可以互鉴？

许杰　以美国为例，各家博物馆都是自主发展，各地博物馆都有强烈特色。美国博物馆的这个长处，是中国博物馆可以借鉴的。尤其过去20年，中国的博物馆事业取得突飞猛进的发展，各地博物馆的建筑也不一样。但是，除了领军的几家博物馆，大部分博物馆的展陈手段、形式甚至是内容往往还是很一致。各个地区怎么进一步强调自己的特色，还有很大的拓展空间。

西方博物馆面临的一个重大困境就是运营问题，在疫情暴发后尤为突出。西方博物馆的资金来源主要不是靠门票，而是靠个人、社团和企业的捐赠。因此，博物馆馆长在筹款方面的工作量很大。相对来说，在运营资金方面，中国政府给博物馆很多支持。希望美国政府可以借鉴这一点，对文化事业多支持。

中新社　不同国家、民族以及文化之间，存在着很多差异、分歧。在跨文化交流中，博物馆有何作用？

许杰　在同一个文化当中，人与人之间的兴趣爱好都会不一样，不同文化之间的差别当然更大。如果政治体制不一样，两个社会的差别就会更大。如何让文化突破政治的局限？就是找到最大公约数。博物馆能超越政治，强调人与人之间的交流，文化与文化之间的交流。

国与国之间庆祝友好关系时，往往以文化和体育活动来呈现，显示出文化交流"锦上添花"的作用。当国与国之间有重大矛盾时，往往也是通过文化活动来突破危局，可谓"雪中送炭"。比如中美建交，文化交往就是一个铺垫。所以，不管国家政治关系状况如何，文化交流万不可停止。在政治关系恶劣之时，文化交流的意义尤其重要。

（记者　刘关关）

Part 2

时代脉搏

杜赞奇：解决全球现代性危机，东西方之间要竞争还是合作？

杜赞奇（Prasenjit Duara），印度裔美国学者，师从汉学家孔飞力。哈佛大学中国历史学博士。2017年获得奥斯陆大学荣誉博士学位。曾任芝加哥大学历史系教授，新加坡国立大学亚洲研究所主任，美国亚洲研究协会主席。其著作《文化、权力与国家：1900—1942年的华北农村》曾先后荣获1989年度美国历史学会费正清奖以及1990年度亚洲研究学会列文森奖。作品还包括《从民族国家拯救历史》《主权与真实性》《全球现代性的危机》等。著作被译为中、日、韩和欧洲多国语种出版。

杜赞奇

“西方设想的霸权主义并非治理地球的唯一方式。即使是在目前的联合国及其相关机构框架下，如果民族国家赋予其一些真正的（主权）权力，就可更有效地以合作模式处理集体问题。”

全球现代性危机由人类过度发展产生，而人类的过度发展则建立在国家现代化范式之上。杜赞奇认为，今天三个全球性变化构成时代的主要特征：非西方大国的发展、环境可持续性的危机和权威性的超越来源的消亡（包括在宗教中获得的理想、信念和伦理道德）。

“竞争模式的政治和意识形态霸权已经导致了气候变化和地球环境破坏的全球危机。现在是世界各国以及其他机构合作拯救地球的时候了。”杜赞奇通过亚洲历史经验和当代实践思考：解决全球现代性危机，东西方之间要竞争还是合作？

中新社　您出生于印度，求学于美国，师从汉学家孔飞力。您为什么会对中国感兴趣？

杜赞奇　20世纪70年代我在印度读大学时，深受中国理想主义和扶贫政策的影响（如赤脚医生、知识分子与农民的融合）。这也是我最初将注意力转向中国近代史研究的原因。后来我就来到美国读中国历史。事实上，我第一本关于华北农村的著作（《文化、权力与国家：1900—1942年的华北农村》）即源于将中国现代转型的条件与印度的经验放在一起研究和比较的需要。

我在根本上是一名中国和亚洲史学家，尤其希望能更多地关注中国和印度，这两个国家都在引领着未来世界的巨大变化。

中新社　您深入了解中国历史，也走遍了大半个中国。您如何看中国的发展变化？

杜赞奇　全球新冠肺炎疫情之前，我每年都会去中国一两次，这个习惯已经保持了近30年。

中国许多领域的现代化建设，特别是减贫和经济发展是惊人的。但这种快速发展也有很大代价，特别是在环境方面，以及对许多内陆农村地区和农民工而言。

中印两国，特别是中国的经济增长、人口增长和城市扩张都在延续着两个世纪以前在西方肇始的发展模式，而这种增长的性质和速度是令人担忧的，虽然这两个国家目前在环境保护方面所作出的努力值得称道。

中新社 您的著作《文化、权力与国家：1900–1942年的华北农村》在中国出版汉译本，书的研究范围涵盖了中共建党之初的阶段。100年来，在中国共产党的带领下，中国已经全面建成小康社会。您如何看待百年中共的发展？

杜赞奇 在过去的100年里，中国共产党一直是世界上最令人惊讶和最强大的组织之一。我不相信有任何其他政治组织能够影响到如此庞大的社会，并深入人们的生活。这使它具备巨大的民众动员能力，同时能行使纪律和威权管控。

中国的发展一直伴随着一种需要，即获得他国的理解并提出一个世界愿景：这将是一种具有普世性的、同时也不再复制从前的全球秩序——无论是在帝国还是现代帝国下的非正义的世界愿景。

中新社 您在讨论民族主义问题时，曾引用匈牙利经济学家卡尔·波兰尼的话，“资本主义就是这样，盛极而衰，一到衰落的时候，那些开放国家会突然间关闭大门，然后就是保护主义、极端民族主义倾向。”您如何理解这个观点？

杜赞奇 是的，我完全同意波兰尼关于开放和封闭社会在全球资本主义经济中运作的观点。现在不仅仅是西方国家，东方国家也是如此。例如，在过去几年中，工厂关闭时，数以千万计的中国工人不得不返回农村。但也许中国的农村社会能够更好地吸纳他们，因为他们在那里的社会和经济关系仍然存在。

中新社 您认为在非西方大国的高速发展和全球新冠肺炎疫情背景下，世界上“以邻为壑”的民族主义是否有所加剧？应当如何解决？

杜赞奇 是的，自从我调研写出《全球现代性的危机》这本书以来，民族主义在全球范围内确实有所加剧。但民粹主义的民族主义在全球范围内的失败也开始显现，这不仅是周期性的（如波兰尼所言），也是在当前气候变化和疫情的背景下发生的。

当然，这些都与全球资本主义及其自我加速的引擎有关。大多数民族主义者觉得他们反全球化。但我一直认为，民族主义与全球对资源和市场的支配及控制密不可分。我无法预测民族主义者是否会认识到这种潜在的联系，但全世界的人们不得不应对它。

中新社 现代化理论一直以来就存在欧洲中心主义偏见。比如马克斯·韦伯认为现代化就是西方化。您如何看待"韦伯之问"（为何中国、印度这样的东方社会，没能在政治、经济、科学乃至艺术领域走上独立于西方之外的理性化道路）？您认为现代性只有西方一种模式吗？

杜赞奇 韦伯最初将理性视为实现不同目标和价值的方法（例如，人与自然的和谐）。他后来认为，在西方，理性作为一种方法已经成为现代社会的目标本身，因为理性能最有效地实现个人和社会的利益最大化，达到同时代其他社会无法企及的高度。他还认为，理性作为目标可能会对人类机构产生很大限制，他对此百感交集。现在是我们重新考虑各种目标和价值（可持续性、民主参与等）的时候了，看我们是否可以利用理性模式来实现这些目标和价值。

中新社 通过研究亚洲国家和地区，您认为，对于由竞争性民族国家建构导致的全球现代性危机，亚洲的历史经验和当代实践能否提供解决之道？

杜赞奇 我曾写过，亚洲社会的对话式超越代表了历史上非排他性和非绝对主义的传统。现今，亚洲社会的民族主义和竞争性正在侵蚀这些传统。但是"公民社会"、穷人和原住民社区中出现了新的力量，在旧概念和实践的基础上争取社会正义和可持续性。我认为，在这个"人类世"的危机中，这些运动可以对政治家和政府间机构施加一些影响，特别是通过那些不得不吃下我们的不负责任所造成的苦果的新一代。

中新社 解决全球现代性危机，东西方要竞争还是合作？

杜赞奇 竞争的本能当然存在于自然界与人类社会中。在过去300年的民族主义–资本主义发展中，竞争成为全球社会的主导力量。但在适当的条件和制度下，人类也有可能发展协作和合作的本性。竞争模式的政治和意识形态霸权导致了气候变化和地球环境破坏的全球危机。现在是世界各国及其他机构合作拯救地球的时候了。

中新社 您提出我们现在比以往任何时候都更加需要普世的世界，并在书中表示，中国的“天下”理想也许是最后一个以制度形式存在的19世纪末的古老的普世主义观念。近年来，中国在诸多重要双多边场合多次提及“全人类共同价值”，这能否为问题解决提供新的智慧？

杜赞奇 中国的全人类共同价值和“天下”概念及修辞是非常积极的一步。但许多其他社会也提出了普世愿景（尤其是美国认为民主是普世之善）。当然，真正的考验在于，从一个政治中心出现的普遍愿景如何涵盖世界上的多种价值。我相信，西方设想的霸权主义并非治理地球的唯一方式。即使是在目前的联合国及其相关机构框架下，如果民族国家赋予其一些真正的（主权）权力，就可更有效地以合作模式处理集体问题。

（记者　罗海兵、牛秀敏）

理查德·庞德：为何说抵制奥运会是短视和消极的？

理查德·庞德（Richard W. Pound），国际奥林匹克委员会委员，曾任国际奥林匹克委员会副主席、国际奥林匹克委员会市场委员会主席。

理查德·庞德

“（抵制奥运会）事实上是在侵犯运动员自愿参加体育比赛的人权，是在毁掉全世界运动员的梦想和希望，是非常短视和消极的。政府可以做很多事情来表达想法，而不是毁掉自己的运动员。”

理查德·庞德是最早公开表态支持东京奥运会延期的国际奥委会委员。庞德回忆称，当时奥运会筹备工作“正明显滑向深渊”，有人甚至提出应当取消东京奥运会。

疫情并不是国际奥委会面临的唯一困难。当地时间2021年7月9日，欧洲议会通过无约束力议案，呼吁欧盟成员国抵制2022年北京冬季奥运会。不过，庞德相信各国和地区政府不会这么去做，因为历史上抵制奥运会的行动“从未达到其目的”。

中新社 东京奥运会即将开幕时，有民调显示，超过半数的日本民众依然反对和担忧举行本届奥运会。国际奥委会如何看待这种民间的声音？是否会考虑和日本社会加强沟通？

理查德·庞德 总会有不同声音。1984年洛杉矶奥运会开幕前夕，也有很多有关健康风险的负面信息。有些媒体和研究者称，会有运动员因为雾霾死在奥运村里。但后来奥运会成功举行，证明这种言论只是很疯狂而已。

对国际奥委会来说，我们依赖于我们所能获得的最好的科学和医学知识，基于科学证据对日本政府承诺，举行奥运会不会明显增加运动员和日本民众的健康风险。日本政府给出的建议是，国际奥委会只谈论奥运会，而日方会处理有关民众舆论的问题，因为他们更了解日本公众。国际奥委会遵循了这一建议，所以我们不再试图专门向日本公众解释为什么他们不必担心。

我认为公众会改变主意的。一旦奥运会开幕，大家发现国际奥委会组织得力，比赛很有趣，负面意见就会消失了。预计全世界会有50亿人观看奥运会，这将掀起奥运热潮。

中新社 国际奥委会委员高斯帕等一些专业人士建议，在新冠疫情这样的特殊情况下，或许可以由联合国或世卫组织来决定延期或取消奥运会。这可行吗？

理查德·庞德 奥运会是国际奥委会举办的活动，是国际奥委会邀请世界各国的运动员参加，不是世卫组织也不是联合国邀请的。这些邀请是非政府的。事实上，政府层面唯一正式参与奥运会的时刻，就是主办国的国家元首或政府首脑在开幕式上讲话并宣布奥运会开幕。当然，政府的工作也涉及移民、安全及为奥运会提供的常规服务，但政府不是比赛的组织者。

我们要与体育科学、医学等领域的专业人士密切合作，组织地球上最复杂的赛事之一，保证200多个国家和地区及40多个单项体育组织的参与。这涉及10000多名高水平运动员，而且从来没有错了还能重来的机会。你永远不能对运动员说："你的100米跑得棒极了，但你介意再跑一次吗？因为刚才我们的计时系统坏了……"总之，国际奥委会拥有最终的决定权是适当的。

中新社 考虑到东京奥运会面临的成本、疫情与公众舆论等方面的挑战，您觉得国际奥委会应该考虑选择一座奥运会的永久主办城市，以解决这些难题吗？

理查德·庞德 国际奥委会多次讨论过这个问题，结论是奥运会并不仅仅属于一个国家。如果设置永久主办城市，这座城市大概率会在发达国家。有些国家，比如危地马拉或洪都拉斯，由于国家体量小、基础设施缺乏等等，可能永远不会成为东道国。世界很难接受我们将经费永远都投入到一个特定国家。

另一方面，随着新兴国家的发展，它们有参与国际事务的需求，主办奥运会可以满足这种需求。1988年，当我们开始国际奥委会的全球营销计划时，我们基于市场而非奥运奖牌开展工作。所以当时我们没有考虑巴西、俄罗斯、中国、印度等奥运参赛大国，因为他们的市场并不发达。但仿佛忽然之间，许多国家已经成为世界上重要的经济体，改变了奥运会的形态。以往90%的奥运会都在欧洲举行，而现在它也在亚洲、南美洲等地举行。

奥运会的发展得益于世界的变化。随着科技发展，世界正在缩小。1896年第一届现代奥运会只有十多个国家参与，那时国际合作与支持还是一项"新发明"，而"国际"的意义也非常有限。如今，交通便利了，人们可以更方便地参加奥运会；通信发达了，我们得以在疫情期间密切开会，保持奥委会工作运转；广播、电视的发明，让全世界可以及时体验奥运会，近距离的镜头与慢动作回放，让全球观众感受到自己成为奥运会的一部分。总之，奥运会是从人类社会的发展中不断受益的，而全世界也都能分享运动员们的奥运经历，这是双向促进的关系，我对奥运会的未来很有信心。

中新社 您亲历了上世纪80年代西方国家对莫斯科奥运会、苏联东欧国家对洛杉矶奥运会的大规模抵制行动。现在，一些西方政客再次将抵制奥运会作为一种政治工具提出，您觉得那种大规模抵制危机还会再来吗？

理查德·庞德 这点上，我倒是乐观的，因为我知道抵制奥运会行不通。如果说抵制的目的是为了改变所谓“目标国家”的行为，那么抵制是不起作用的。1980年，部分国家因苏联入侵阿富汗而抵制莫斯科奥运会，结果是什么？是苏联继续占领阿富汗达十年之久。每个人都知道抵制是无效的，为什么还要去做呢？

奥运会不是政治行为。我们选择东京、选择北京，都和主办国的政治状况无关，也并不意味着我们支持某种政策，我们考虑的是他们有没有能力把赛会组织好。毫无疑问的是，日本政府和中国政府都有这个能力。

我们关注的是年轻的运动员们。他们已经为参加奥运会准备了十年甚至更长时间，但抵制却让他们无法参赛。当一个政客说“我们必须抵制某届奥运会”时，他说的并不是“我们”，而是“你们这些运动员必须抵制，必须放弃自己的梦想，因为我们不满东道国的政策”。这事实上是在侵犯运动员自愿参加体育比赛的人权，是在毁掉全世界运动员的梦想和希望，是非常短视和消极的。政府可以做很多事情来表达想法，而不是毁掉自己的运动员。

中新社 在奥委会与各国各地区的政府对话时，那些主张抵制奥运会的政客能被这种观点说服吗？

理查德·庞德 既然历史已经表明抵制是行不通的，那么作为政府，能坚持一个所有人都知道行不通的政策吗？历史上，抵制奥运会从没有实现其政治目标，如果一直做着同样的事，却期待不同的结果，那是这个政府的能力有问题。

当然，政府总会有不同意见，大国间总是存在紧张关系，总是互相反对。但值得注意的是，当一些美国政客开始谈论抵制2022年北京冬奥会时，一些更有经验的人士表示：这是行不通的。

国际奥委会对政府强调的是，抵制不是在复杂国际环境中唯一可行的外交方式。在这个世界上，各种各样的复杂关系都会存在，所以你必须保持一些特殊的沟通渠道，其中一个是奥运会。

为什么要破坏我们自1896年以来——除世界大战期间外——建立起来的独特的全球沟通渠道？奥运会期间，来自不同国家、不同宗教、不同政治立场的运动员走到一起，和平友好地竞争。在这个复杂的、极化加剧的世界里，奥运会就是一片标志着合作共存可能性的绿洲。

我参加过1960年的奥运会，那是冷战的高潮时期，我们固有的印象中，苏联人和我们是分属于两个世界的人。但当我们看到苏联的游泳运动员像我们一样努力练习，在比赛中像我们一样紧张，我们能意识到他们是与我们一样的人。我们的语言或背景不尽相同，但我们求同存异。

中新社 国际奥委会一直是独立的非政府间组织，但在当下的国际形势中，国际奥委会是否更加依赖与各国政府的合作？

理查德·庞德 我们是一个处于政治世界中的体育组织。对我们来说，非常重要的一点是，要明白奥运会或国际奥委会是不可能掌控世界的。但我们的观点是，奥运会在国际层面上是一种沟通手段，在国内层面上则可以促进经济、社会和体育健康事业的发展。所以我们努力向全世界解释，奥运会是有其作用的，别忘了这是个有用的工具，我们愿意用我们所能做的一切来帮助世界实现这些目标。

所以巴赫主席会去参加G20峰会，国际奥委会也会作为观察员出席联合国大会，而且每年至少作一次大会发言。这些都是我们使命的一部分。尽管我们不会走向政治，但我们充分意识到我们生活在一个政治的世界里。

（记者　曹然）

阿里·扎希里：阿联酋为何说要做中国最好的伙伴？

阿联酋驻华大使阿里·扎希里（Ali Al Dhaheri）于2017年10月在北京就职。他曾供职于阿布扎比国家石油公司、阿联酋国家天然气运输有限公司等，2009年10月被任命为阿联酋驻石油输出国组织（欧佩克）理事，2014年担任欧佩克理事会主席。

阿里·扎希里

“我想，阿联酋和中国的关系，就是国与国合作的典范。”

近年来，阿联酋与中国高层交往密切、政治互信不断深化，双边各领域合作颇具亮点。中阿作为全面战略伙伴，发展路径相似、发展理念相通、发展目标相近，共同为发展中国家寻找独立自主的现代化发展道路提供了有益借鉴。

阿联酋驻华大使阿里·扎希里从文明互鉴角度，探讨中阿跨文化交流与多领域合作如何寻求到平衡点、共赢点；从合作共赢角度，阐释两国在共建“一带一路”等广泛合作中所取得的丰硕成果；从发展愿景角度，展望两国交往合作将如何为阿联酋下一个50年战略愿景持续注入活力，为两国人民共同的发展愿望带来福祉。

中新社 近年来，中阿两国双边各领域合作被称为“21世纪全球合作的典范”。2012年，阿联酋成为首个同中国建立战略伙伴关系的海湾阿拉伯国家。2018年，两国建立全面战略伙伴关系。2019年，阿联酋阿布扎比王储穆罕默德·本·扎耶德·阿勒纳哈扬高规格访华时表示，阿方看好中国发展的光明前景，将深化阿中全面战略伙伴关系作为阿外交的重中之重，不管国际风云如何变幻，阿方都将是中国最好的战略合作伙伴。阿联酋为什么看重中国这个朋友？

阿里·扎希里 我认为阿联酋看重中国这个朋友，是基于以下几点原因：首先是两国人民之间的亲近感。中华民族和阿拉伯民族是世界上两个古老而伟大的民族，都为人类历史的发展和进步作出了伟大贡献。我们都对彼此在历史上取得的伟大成就怀有崇高的敬意。

其次是两国在涉及彼此重大利益和核心关切上相互支持。在近代历史上，中华民族和阿拉伯民族也有着相同的遭遇和命运。对于阿拉伯民族的正义斗争，中国都给予坚定不移的支持。阿联酋和中国在彼此尊重、相互理解的基础上发展双边关系。阿联酋致力于维护地区繁荣与稳定，而中国在国际事务中也发挥越来越重要的作用，两国对世界及全人类未来的发展有着相同的愿景。

阿联酋和中国建交近40年以来，两国在政治、经济、文化、科技等诸多领域的交往都取得重大成就和突破。当前，阿联酋致力于从石油经济为主向知识创新型经济转型，中国在新能源、基础设施、生命科学、人工智能等领域有着世界领先的技术。这也是阿联酋重视同中国发展友好关系的一个重要因素。在2021年阿联酋建国50周年之际，阿联酋启动了“面向未来50年国家发展战略”以及“3000亿行动”十年全面产业战略规划，力图将阿联酋建成世界一流的工业国家。阿联酋的这些目标与中国的“十四五规划”有许多共通之处，这些共同目标将为阿中两国带来丰富的合作机会。

共同的目标和相通的愿景，使得阿联酋十分看重中国这个朋友。

中新社 中国国家主席习近平在2018年访问阿联酋时曾指出，中阿两国虽然相距遥远、国情千差万别，但都拥有极具奋斗精神、创造精神、追梦精神的人民。阿联酋“国父”扎耶德总统也说过，为国家带来进步的不仅仅是石油，还有人民所作出的努力。中阿两国如何在不同的文化、制度、国情背景下找到互学互鉴的平衡点、共赢点？差异之下，有哪些相通的文化理念和精神内核？

阿里·扎希里 阿中两国人民都是勤劳智慧的人民。我们两国人民通过不懈的努力，将我们的国家从贫困落后的国家，建设成了今天强大、富足、在地区和全球范围都有着重要影响力的国家。阿联酋是一个以宽容、平等、慷慨、创新为核心价值的国家，这与中国自古以来的很多思想，比如兼容并蓄、守正创新等，都有共通之处。

阿联酋和中国作为世界上两大重要文明的代表，都积极推动世界各国的和平共处。2020年阿联酋和以色列建交，实现两国关系正常化，反映了阿联酋在宽容的基础上，维护人类价值观、共存和团结的坚定态度。中国作为联合国安理会常任理事国，在坚定不移走和平发展道路的同时，也不遗余力地推动地区及世界和平稳定。在中东问题上，中国奉行的原则也是推动地区和平稳定，促进地区国家发展，维护地区人民利益。

阿联酋和中国都是开放、自由的经济体，在经贸领域有着很强的互补性。

目前，中国是阿联酋最大的贸易伙伴，阿联酋是中国在中东北非地区第二大贸易伙伴。阿联酋愿与中国一道推动经贸合作的不断深化，努力实现2030年双边贸易达到2000亿美元的目标。

所以说，政治上平等互信，经贸上互利共赢，历史文化上交相辉映，都是我们两国的共赢点和交往时的平衡点。

中新社 共建“一带一路”是中阿两国近年来的合作亮点。阿联酋是首批加入共建“一带一路”的阿拉伯国家。从古代丝绸之路到“一带一路”倡议，为什么阿拉伯世界看重与东方的经贸往来和文明互鉴？共建“一带一路”过程中，阿联酋与中国的伙伴关系得到怎样的巩固深化？

阿里·扎希里 阿拉伯国家与中国从古至今都保持着良好的贸易往来。开辟于2000年前的“丝绸之路”作为阿拉伯世界和中国交往的桥梁，把位于亚洲东西两端的中国和阿拉伯各国紧密联系在了一起。公元7世纪，双方又打通了“海上丝绸之路”，中国的丝绸、瓷器销往阿拉伯半岛、东非、欧洲，阿拉伯香料和珍珠也登船经印度洋前往中国。我们的祖先通过古代丝绸之路互通有无、相知相交。

中国是一个文明古国，在历史上取得过辉煌成就。近代以来，中国遭遇了诸多动荡，然而，自新中国成立的70多年里，中国又取得了很多发展的里程碑，目前已是全球第二大经济体。作为中国的全面战略伙伴，阿联酋为中国的成功而感到骄傲，也乐见中国取得更大成就，因为中国的发展不单惠及本国，对阿联酋来说也是巨大机遇。

阿联酋是首批加入共建“一带一路”的国家之一，积极响应和参与“一带一路”建设，同中国保持良好的贸易和商业伙伴关系，也是阿联酋近年来取得突出进步的因素之一。

紧密的贸易和商业关系，进一步促进了两国在政治、文化、科技等其他诸多领域更紧密的合作和交流，也加深了两国人民的情谊。

新冠疫情期间，两国的守望相助令我印象深刻。时任阿联酋阿布扎比王储穆罕默德第一时间表示支持中方的抗疫努力；阿联酋政府和人民多次向中方提供医疗物资帮助；世界第一高楼哈利法塔等阿联酋地标也亮灯为武汉加油、为中国加油。2020年11月，包括阿联酋副总统在内的多名政府官员率先接种中国疫苗，2020年12月，阿联酋成为首个批准中国疫苗上市的国家。2021年上半年，阿联酋42集团和中国国药集团联合启动阿联酋首条新冠疫苗生产线。这是首个“阿联酋制造”的新冠疫苗，它推动了阿联酋在全国205个医疗中心的“领先疫苗接种计划”。2021年12月27日，阿联酋卫生部又批准了国药集团的新型重组蛋白疫苗的紧急使用。这是阿联酋对中国疫苗再次投出的一张信任票。

我想，阿联酋和中国的关系，就是国与国合作的典范。

中新社 阿联酋在庆祝建国50周年之际，提出了“下一个50年”的发展愿景。包括共建“一带一路”在内的与中国的全方位、多领域合作将为阿联酋实现发展愿景起到怎样的作用？

阿里·扎希里 阿联酋为下一个50年制定了“2071百年国家战略”。以此为基础，我们将致力于打造“善治政府”，强调科技创新和教育质量，将阿联酋建设成为全球最好的经济体之一，建立一个幸福和有凝聚力的社会。

中国不仅是阿联酋最大的贸易伙伴，两国在科技领域也积累了长期密切的合作。我相信，未来两国可以在科研、技术和创新领域为发展注入动力。

比如，阿联酋和中国在太空探索方面有着相似的雄心壮志。阿联酋是第一个实施太空计划的阿拉伯国家。中国在航天领域取得的成就令人瞩目，特别是最近中国航天员的成功出舱，显示了中国在载人航天领域日臻成熟的技术。我认为两国今后在航天领域将有广泛的合作空间。再比如，阿联酋与华为合作，成为第一个部署5G网络的阿拉伯国家。我们的目标是到2025年实现5G的100%覆盖。我们还可以共同应对更多的全球性挑战，如气候变化、荒漠化防治、环境保护等。

展望未来50年，阿联酋愿与中国一道，在两国全面战略伙伴关系框架内深化各领域合作。我们愿以共建“一带一路”为核心平台，为促进共同繁荣作出更大贡献。让我们两国人民携手共创更美好的未来。

（记者　肖欣）

韩贞爱：面对环保议题，韩中如何“双向奔赴”？

韩贞爱（Han Jeoung Ae），韩国环境部长。毕业于韩国釜山大学环境工程专业，2003年于英国诺丁汉大学取得工业工程博士学位，是韩国第19届、20届、21届国会议员。自2021年起担任韩国环境部长。

韩贞爱

“在生物多样性保护方面，韩、中、日三国有很多合作机会。”

2021年10月5日至7日，联合国环境规划署（UNEP）与韩国环境部在韩国水原市共同举办第四届亚太环境部长论坛。来自新加坡、印度、蒙古国等30多个成员国的部长和高级官员，联合国环境规划署等国际组织的高级别代表出席论坛，共同讨论该地区的环境问题，并通过集体行动寻求解决方案。10月11日，联合国《生物多样性公约》第十五次缔约方大会（COP15）在云南昆明开幕，各国领导人和国际组织负责人共商生物多样性保护大计。中韩两国在推动环保合作领域正携手同行。在大会召开前夕，中新社采访了韩国环境部长韩贞爱。

中新社　韩国目前在环境保护领域的工作重点是什么？

韩贞爱　目前我们的一项工作重点是为实现2050年“碳中和”愿景作出努力。“碳中和”事关下一代的生存，韩国政府把“碳中和”当作社会新价值和里程碑，正认真推进相关政策。

2020年10月，文在寅总统宣布2050“碳中和”目标，12月，相关部门联合制定“碳中和”推进战略，果断地推进减少发电厂和扩大可再生能源等能源转换工作，推进绿色新政项目。

2021年8月31日，韩国国会通过了《碳中和与绿色增长法》，成为第14个承诺到2050年实现“碳中和”的国家。同时，还构建包括2050“碳中和”委员会等在内的治理体系，引进气候变化影响评估、温室气体减排认知预算制等新制度，同时为了向“碳中和”政策提供财政支持，新增气候应对基金。

为实现2050“碳中和”目标，除了制定政策之外，韩国也在普及新能源和可再生能源，这是世界性的趋势。数据显示，韩国新能源和可再生能源的发电比率从2010年的1.7%增加到2019年的6.5%，同时正在制定扩大普及计划，打算到2030年将新能源和可再生能源的发电比率提高到20%以上，我们会超额达成目标。

从数字看，2020年韩国温室气体估算排放量为6.486亿吨，与2018年相比减少10.9%，与2019年的估算排放量相比减少7.3%，这受到发电厂数量减少、碳排放交易稳步推进以及新冠肺炎的影响。然而，随着经济活动的恢复，工业、发电等产业的温室气体减排趋势将会变得缓慢，但“碳中和”是必须要走的路，因此我们将通过技术革新，在不破坏环境的前提下继续推进相关政策。

中新社 环保不单是政府机构的责任，需要所有国家和所有利益攸关方携手合作，韩国为此做了哪些工作？

韩贞爱 2021年5月，韩国召开2021P4G首尔绿色未来峰会，通过《首尔宣言》，强调发达国家和发展中国家的合作、市民社会和企业等多项合作。

在为期3天的第四届亚太环境部长论坛上，我们将谋求新冠肺炎以后“亚太地区的包容性绿色复苏和可持续发展的连带和合作方案”，同时还将讨论基于自然的解决方法（NBS，Nature-Based Solution）等在实现可持续发展方面的四大领域——经济、保健、气候、粮食的加强方案。

在环保国际合作的未来计划方面，韩国打算参加2021年11月在英国格拉斯哥召开的《联合国气候变化框架公约》第二十六次缔约方大会（COP26），将发表上调的2030国家自主贡献（NDC）目标，积极推动构建一个公平合理、合作共赢的全球气候治理体系。

此外，我们推进2023年召开《联合国气候变化框架公约》第二十八次缔约方大会（COP28）。通过这个非常重要的平台，我们将讨论包容性“碳中和”的愿景，鼓励各缔约方达到温室气体减排目标，扩大气候财源，研发技术等。

中新社 2021年10月11日，联合国《生物多样性公约》第十五次缔约方大会（COP15）将在云南昆明开幕，您如何看待这一会议的意义？

韩贞爱 生物多样性是非常重要的话题，也是必须解决的议题，所以说这次在中国召开的会议非常有意义。但很遗憾，由于新冠肺炎疫情的原因，我们不能进行面对面的讨论，只能够通过线上方式参与。

具体到生物多样性保护，韩、中、日三国在这一层面有很多合作机会。首先是韩中日可以讨论基于自然的解决方法，利用太阳能、风能、水能等自然资源；其次是之前我们不够关注的湿地和海洋生态资源，尤其是海洋资源的开发和保护，需要三国共同合作，希望能就此进行讨论。

中新社 从更宏观的视角来看，中韩两国在环境合作领域取得了哪些成果，未来有什么合作计划？

韩贞爱 2022年我们将迎来韩中建交30周年。两国自1992年建交以来，在各领域保持合作，当然包括环境合作。

首先是韩中日环境部长会议（TEMM）。为增进包括韩中在内的东北亚环境合作，韩方倡议从1999年起召开韩中日环境部长会议，20多年来在落实三国首脑会议共识、探讨和解决共同面临的区域环境问题、促进本地区可持续发展等方面取得重要成果。2021年底，我们将尽早召开第3届韩中环境部长年度工作会晤和第22届韩中日环境部长会议。

其次是大气污染合作。韩中两国为共同应对雾霾等环境问题加强合作，从2019年起每年召开韩中环境部长年度工作会晤，同时将“晴天计划”作为两国的主要合作项目。除大气领域合作外，该项目还成为两国环境合作的品牌项目，我们将认真推进并圆满完成2021年的工作计划。

在应对气候变化方面，中国已宣布2060“碳中和”目标，韩国也宣布了2050“碳中和”目标；在克服亚太地区的气候危机方面，两国具有相互合作的意愿和潜力，希望我们可以维持政策和信息交流，以共同实现《巴黎协定》的目标。

在保护生物多样性方面，今年（2021年）10月将在中国昆明召开《生物多样性公约》第十五次缔约方大会，这是谋求气候危机解决方案的非常重要的会议，韩国也积极配合这次大会成功召开。今年（2021年）7月，韩国召开第八届韩中日生物多样性政策对话视频会议（TPDB-8），三国人员在此期间共享信息和讨论合作方案。此外，在海洋生态系统保护方面，我们希望讨论黄海的海洋垃圾问题和恢复生态系统的方案。

最后，我想向中国的朋友们介绍，以2008年韩中首脑会谈为契机，作为两国友谊的象征，中方赠送给韩方的朱鹮在韩国庆尚南道昌原市“牛浦朱鹮复原中心”培育和繁殖，截至2021年4月，繁殖出的朱鹮数量为432只，现已将80只朱鹮放生。借此机会，我向中国政府的积极支持表示由衷感谢。

（记者　刘旭）

郑永年：谁是国际秩序的破坏者？

郑永年，香港中文大学（深圳）校长讲座教授、人文社科学院代行院长、全球与当代中国高等研究院院长。曾任英国诺丁汉大学中国政策研究所教授和研究主任，新加坡国立大学东亚研究所教授、所长。先后任美国社会科学研究会和美国麦克阿瑟基金会研究员。郑永年教授主要从事国际关系、外交政策、中美关系、中国内部转型及其外部关系研究。

郑永年

“从秦始皇统一中国开始，中国可以说一直是亚洲秩序的一个稳定之源。”

在中国共产党建党百年之际，中国“全面建成小康社会”的目标如期宣告达成。此时，中国经济总量已迈过百万亿元人民币大关，占全球经济的比重提高到17%以上。

从清末时被西方强行纳入国际秩序，到现在成为国际权力结构中的重要影响因子，中国在世界当中扮演的角色发生了极大的转变。这种转变却引发许多猜疑。美国国务卿布林肯曾多次指责中国破坏国际秩序。美国国务院近期也在声明中称，布林肯同欧洲国家领导人讨论了跨大西洋合作，应对“中国经济胁迫行为”及“破坏基于规则的国际秩序的企图”。

中国崛起会否对当今国际秩序造成根本性影响？究竟谁是国际秩序的破坏者？郑永年表示，对于二战以后建立的国际秩序，中国可以说是“最大的拥护者”，中国做的最多的是“接轨”，是规规矩矩地待在这个体系里，而没有像苏联一样“另起炉灶”，更谈不上是破坏者或者革命者。

中新社 近些年，不断有西方舆论指责中国是国际秩序的破坏者，您认为真相是这样吗？

郑永年 所谓国际秩序主要是指二战以后建立起来的国际规则。那么是谁在破坏这些秩序？是美国。美国在前总统特朗普时期就先后退出世卫组织、《巴黎协定》、联合国教科文组织等一系列联合国组织和国际机构。此外，美国从来就拒绝加入《联合国海洋法公约》。

中国一直是保护这些规则的，当然不是国际规则的破坏者或者革命者，甚至连改革都相当谨慎。中国充其量是“接轨”，也没有像苏联一样“另起炉灶”。按照西方的逻辑，中国走向强大肯定是会组建自己的阵营。美国这些年来一直在强调，要组建一个“世界队”对抗“中国队”。但是中国并没有阵营，没有“队”。中国就是规规矩矩地待在这个体系里面，没有搞拉帮结派。

但一些西方人把自己的逻辑强加给中国。比如有人指责“一带一路”倡议或者亚洲基础设施投资银行，说它们破坏了规则。但就说亚投行，它完全接受了世界上最先进的规则，主要是为亚洲地区的基础建设项目提供融资支持。这是世界银行、亚洲开发银行没有做的事情。所以，亚投行的诞生没有抢别人的“饭碗”，而是对国际规则的一种补充。

中国并不是一个国际秩序的破坏者，而是一个改革者、一个补充者。

中新社 中国改革、补充国际规则的出发点是什么？

郑永年 中国看到了问题之所在。西方国家早期搞殖民主义和帝国主义那一套，通过在拉丁美洲、非洲等地方建立殖民地掠夺资源，支撑国内的发展。而现在中国在非洲、亚洲的投资和援建被西方污蔑为掠夺资源、甚至被扣上“新殖民主义”“债务帝国主义”等帽子。但这是西方自己的经验，不是中国视角。中国一直在帮助非洲、亚洲等一些国家建铁路、高速公路、医院、体育馆、学校等基础设施。中国为什么这么做？因为这些基础设施建设是任何一个国家经济发展的必要条件，中国自己也是这么走过来的。

中新社 未来，中国是否可能在国际规则方面做更大的贡献？

郑永年 中国的做法不是关起门来自己定规则，不是像美国那样把自己的规则强加给其他国家，而是先接轨学习西方的规则，之后再形成自己的规则。中国现在是世界第二大经济体，中国在发展过程中也学习了西方很多好的规则。

下一步，中国要真正强大起来，就要继续消化吸收世界上好的规则，同时，结合自己的情况，完善、强化、补充现有的国际规则。中国真正对世界的贡献可能就来自标准和规则的贡献。当然在这一过程中，中国需要考虑到其他国家的利益。对于非洲、拉丁美洲的众多发展中国家来说，中国的规则和方案实际上是提供了一个非西方、而不是反西方的选择。

中新社 您提出疫后世界进入“有限全球化”时代。这一变化与之前的“超级全球化”有何区别？

郑永年　20世纪80年代以来，世界经历了一波“超级全球化”。这个概念的提出者是哈佛大学经济学教授丹尼·罗德里克。在这一波“超级全球化”的浪潮中，西方各国特别是英美以新自由主义经济学为主导推动私有化、金融自由化，资本、技术、人才等生产要素得以在全世界范围内相对自由地流动。

伴随资本从西方发达国家向发展中国家流动，西方国家也纷纷把那些技术含量较低、附加值较低的产业转移到发展中国家。这就带来了产业链和供应链在全球范围的重新配置。

生产要素的全球流动创造了巨量的财富，无论是以中国为代表的发展中国家，还是西方发达国家均是这波全球化的受益者。但不少负面效应也浮出水面。其中最大的问题在于超级全球化发展到今天，几乎没有一个主权国家仍然拥有完全的经济主权了。要知道虽然我们处于一个全球化时代，但国家单元仍是主权国家，主权国家不能失去所有的经济主权。

以英国为例，英国推行撒切尔新自由主义，得到了一个伦敦金融城，但却放弃了整个制造业，英国脱欧实际上也与此相关。

再看美国，美国虽号称拥有最先进的医疗体系，但根据美方的统计，80%以上的美国医疗物资靠中国供应，还有90%以上的抗生素生产也基本依靠中国，这在疫情暴发后成为一个尖锐的安全问题。另一个失去经济主权的后果是：20世纪80年代以来，美国的中产阶层比例从过去的大约70%下滑到约50%。

中国也并非只是受益者。一方面，中国得以引进许多西方先进技术，成为技术应用大国，另一方面却缺乏原创技术和研发动力。受新自由主义影响，很多人假定世界市场永远存在，“缺什么就去世界市场买”。如今，受到美国的打压和封锁，华为等企业面临困难。

从长期历史来看，世界市场不存在实属正常，存在只是一种“运气”，迷信全球市场是不对的。所以，现在世界进入“有限全球化”时代，有可能会回到类似1945年至20世纪80年代这段时间的特征。这个阶段的全球化，资本、技术还是会流动，但是会受到限制，贸易程度会降低，各国的经济主权会强化一些。

中新社　全球化真的会退回到40多年前？

郑永年　类似1945年至20世纪80年代的那个阶段，但是是有差别的。那个时段，每个国家的产业链和供应链还是相对完整的。所谓的美国制造、日本制造、德国制造基本上生产的都是整产品，但是80年代以后，很多产品已难以确切地说出是哪个国家制造的了。人们所说的“中国制造”，更多是中国组装，零部件可能来自日本、亚洲其他国家或地区甚至西方国家，各种零件、原料来到中国后组装再出口。

比如：美国基本上把附加值、技术含量相对较低的产品制造都转移到其他国家，其中就包括芯片制造。现在人们说美国控制了芯片，但实际上只是控制了芯片设计，美国的芯片制造环节已经流到诸如中国大陆、中国台湾，韩国、日本等国家或地区。

现在各国还能不能生产整产品？在经历过了之前那一波超级全球化之后，现在很难了。美国不可能把所有的生产链都搬回国内，日本、德国等国家都不可能，所以各国经济之间、生产之间相互依存的关系很难彻底改变。简单地说，现在已经很难想象一个完全脱钩的世界经济体。

中新社　这种有限的全球化会如何影响全球供应链和产业链格局？

郑永年　从大历史看，经济逻辑最终还是会打败政治逻辑，所以产业链的形态不会完全被改变。在经历全球化和开放后，每个国家无论遇到多大困难，都不可能再变回自给自足的经济体。在此次疫情中，欧洲和北美产业链受到明显影响，但亚洲产业链、生产力不仅没有降低，反而强化了。

产业链的形成有其经济原理，大致符合亚当·斯密所说的比较优势。一旦失去比较优势，产业链转移走了，就很难搬回来；而产业链一旦形成，也没那么容易人为地去强行调整。比如在美国，白宫很难强迫华尔街完全听它的。白宫可能以所谓国家安全的名义，对产业链形成影响，但是也难以改变整体格局。

过去，全球三大供应链分别以欧洲、美国和东亚特别是中国为中心。这种格局不会发生大的变化，未来三大供应链也不可能完全是自给自足的。无论是从比较优势还是从劳动分工来看，它们还是各有特点，比如：原创性、设计性的东西，还是会留在美国，但是制造环节，美国不大可能把德国、日本等的制造能力搬到自己国家。

当然，竞争是不可避免的，无论是美国、德国还是中国，都想往产业链的上游走，竞争也会越来越激烈。

中新社　全球供应链重组是否会“去中国化”？您认为，未来中国的机会在哪？

郑永年　所谓“去中国化”等说法过于极端。全球化是资本的逻辑，资本是开放的，就是要走向能赚钱的地方。所以，西方资本进入中国的全球化不会中断，中国同美国、中国同其他西方国家不会完全脱钩。

中国是全球产业链最全的国家，拥有各种工业门类。同时，中国是世界上最大的单一市场，目前拥有4亿中产阶层，未来根据官方规划，这个数量还要翻番，消费潜力巨大。在很多领域，中国人用“吃什么”“不吃什么”就能决定许多产品在世界市场的价格。因此要有信心，中国能留得住西方的资本和技术。2020年中国是全球最大的外资流入国。

在技术上，中国不可避免地要面对西方尤其是美国的封堵。但自改革开放以来，中国在技术领域已有40多年的经验积累。从李约瑟博士所著《中国科学技术史》可看出，过去中国的科技也是很辉煌的。20世纪80年代以后，中国是应用技术大国，现在要慢慢转向技术原创大国，还有很大发展空间。

另一方面也容易被忽视。目前，中国国内市场基本还是分割的，规则还没有完全统一。比如：珠三角的规则跟长三角不一样，长三角跟京津冀又不一样，即便是长三角、珠三角内部各种规则也没有统一，贸易、投资规则等都有很大不同。所以应该利用内循环的机会，把国内规则统一起来。这种通过统一规则释放出的劳动生产力，是难以计量的。

中新社　在有限全球化下，未来世界格局会发生什么样的变化？所谓“中心国家”的角色会否发生变化？

郑永年　以前的世界格局被称为“一超多强”，“一超”是指美国，“多强”是指中国、俄罗斯、欧盟、日本等经济体。但现在世界已经发生了很大变化，多极化不足以形容这种变化，未来世界是深度多元化的。简单来说，美国还是强国，但并不是所有领域都强，有些方面衰落，而有些方面仍然领先世界。中国、俄罗斯、日本也一样，各国在政治、经济、文化、社会等领域是多元的、互相交错的复合体。

现在讨论所谓“修昔底德陷阱”，一个国家替代另一个国家，都是非此即彼的错误观点。所以人们应该走出这种冷战思维，用真正多元的观点来看待这个世界。

从经济重心来看，近代以后，世界经济中心曾分别在欧洲和北美。21世纪以来，随着中国、印度等亚洲国家的崛起，加之日本等传统强国的存在，世界经济中心已经转移到亚洲。未来20到30年甚至更长时间，这个局面不会改变。

中新社　中国会发挥什么样的作用？

郑永年　从秦始皇统一中国开始，中国可以说一直是亚洲秩序的一个稳定之源。客观上看，中国早就已经是亚洲经济的稳定器。1997年亚洲金融危机，中国在稳定经济方面发挥了巨大作用。此后的2008年全球金融危机、以及2020年以来的新冠疫情，中国每次都扮演了稳定器的角色。未来随着中国国内市场的不断做大，以及向技术链条的上部攀登，中国还将起到一个引领作用。稳定和引领，这将是中国对世界经济的主要贡献。

（记者　庞无忌）

张蕴岭：为什么说全球化没有死亡，不存在“修昔底德陷阱”？

张蕴岭

张蕴岭，著名国际问题专家，中国社会科学院学部委员，山东大学讲席教授、国际问题研究院院长、东北亚学院学术委员会主任，获国家有突出贡献专家称号。曾任中国社会科学院亚太研究所所长、国际研究学部主任；第十、十一、十二届全国政协委员、外事委员会委员；中国亚太学会会长。主要代表作有《寻求中国与世界的良性互动》《在理想与现实之间——我对东亚合作的研究、参与和思考》《百年大变局：世界与中国》《世界大势：把握新时代变化的脉搏》等。

“‘多向化’的分解与分散是新时代权势转移的一个重要特征，随着多样化发展，没有一个国家可以独自掌控未来。”

当今世界面临百年未有之大变局，变局之下既有挑战，也有机遇。新冠肺炎疫情全球肆虐，为本就充满不确定性的当今世界更添“不确定”。如何探寻纷繁和变乱中的脉络和出路？全球化是否已死？权势转移是否会发生？

中国社会科学院学部委员、山东大学讲席教授、山东大学国际问题研究院院长张蕴岭立足中国、放眼世界，给出了观察与分析。

中新社 您如何看待有人提出的“全球化已死”？

张蕴岭 全球化是当今世界发展的典型特征，很少有国家置身事外。近年来，反全球化、逆全球化的声音、势力和行动突然涌现出来。有人认为全球化已死。我认为，全球化并未死亡，而是进入了新的调整期。为什么要调整？因为全球化出现了一些问题。

其一，地区失衡、产业结构失衡。相互依赖、对外开放、产业链、供应链有利于分工和参与，有利于经济效益和增长，但是，过度分解和过度外移会导致失衡。如，大量外移会出现产业“空心化”问题，即当产业外移后，如果没有新的产业替代，则会导致原有的产业带衰落。产业结构调整和转移是必要的，但需要有产业政策支持，推动新产业发展，填补“空心”。美国的芝加哥地区是传统产业的基地，产业转移后没有替补更新，成了衰落的“铁锈地带”，那里的反全球化的声音就大。

其二，发展的安全问题。经济学理论认为，供应链越长越好，精细分工提高效率。但疫情一来，出现了断供问题。最先受到冲击的是汽车行业、电子产品，这些行业的产业链最为细化。在这种情况下，企业、政府就开始反思，不能一切都依靠外部。要保障基本供给，要有核心保障，为此，企业、政府都采取了一系列措施，出台相应政策。美国把发展安全问题政治化，开始对中国的供应链参与、高科技参与采取脱钩政策。这也成为反全球化的依据。对各国来说，从政府、企业到个人都必须关注自身发展安全，但是，走向极端也是有害的。

其三，财富的“极化”问题。在开放竞争的环境下，大者得势，能者胜出，因此，财富向大者、能者集中。全球化越发展，财富积累的两极化越严重。所以，出现了对全球化的质疑和反对。2008年美国发生次贷危机，出现了反华尔街运动。华尔街代表着全球化的获利者。在欧洲和其他国家，反全球化的势力也剧增。

在上述背景下，全球化进入调整期，但开放、分工、供应链等都不会终止，新科技还会助推新的全球化发展。

中新社 全球化的调整体现在哪些方面？

张蕴岭 政策层面，政府会更加重视本国基本必需品的安全供给保障能力，降低重要必需品的对外依赖程度，加大产业回归的支持力度，采取措施限制核心产业流出，如核心科技、国计民生关键产业，甚至可能会在法律法规层面增强限制力度。许多国家都开始制定更为严格的外资审查与批准法规，限制外资进入核心技术领域，严防外资在经济困难的时候以低价购买本国企业。如此看来，以经济安全、社会安全与政治安全为理念的“民族保守主义”将会产生更大的影响。尽管如此，没有一个国家宣称要对外关闭大门，美国也不例外。美国政府考虑更多的是政治，是限制对手的竞争能力，毕竟美国只有依靠世界市场才能实现利益最大化。

经营战略层面，企业将更加重视供应链的安全。为此，可能会缩短供应链环节，力求掌握核心环节，为降低运营成本，会大规模使用机器人等智能化技术。但是，企业特别是大企业，更加重视国际市场的机会，因此不会退缩到国内。相反，它们会利用掌握的新技术构建基于世界市场的大网络，把更多的企业纳入物联网之中。

社会层面，公民对政府的诉求压力增大，要求限制外来资本、外来人口流入，保证就业机会，提高社会保障力度等。不过，也有更多的公众依靠更开放的社会、经济、政治环境，获得更大、更好的就业与发展空间。因此，尽管原来的自由主义将失势，但是，全球化与公众利益的关系还是非常密切的，极端的排外主义势力难以得到大多数公众支持。

中新社 全球化未来将呈现何种趋势？

张蕴岭 从未来趋势看，全球化理论与舆论转向“有管理的全球化”或“有限的全球化”。尽管如此，作为全球经济社会运行集体的一个重要组成部分，全球化不可能被简单抛弃。作为一个发展的进程，全球化可调、可控、可变，但不可逆，无论是国家、企业，还是社会群体，都不可能全身而退，退缩到封闭的所谓“部落社会”。比如，政府可以支持企业回归，但不可能强制企业回归。在现实中，为数众多的企业是回不去的，特别是那些依赖当地市场与要素资源生存的企业。

新冠肺炎疫情总会过去，有关后疫情政策、经营战略与公民意识的思考、讨论、辩论、调整将会继续，而且会持续很长时间，这被称为对“后自由主义”的反思与转变。不过，就一般规律而言，面对肆虐全球的新冠肺炎疫情，悲情、悲观、极端的情绪往往会占上风，但疫情过后，回到正常状态，更为平衡、理性与睿智的意志和行动会逐步回归主流。从以往的历史经验看，每次大灾都会给人类提供教训，让人类变得更为理性与富有智慧，推动进步，而不是后退，新冠肺炎疫情也不例外。

就全球化发展而言，新一波浪潮已上场，可称之为网络、数字全球化，即以信息化、智能化、数字化技术的发展为推动力，构建物联网，将各个经济社会活动纳入网络之中。事实上，全球化不仅仅是在经济领域，生态、环境、气候变化的联动性也很强，没有哪个国家可以置身事外，政治、国际关系也越来越具有全球性的影响。

从大趋势来分析，新型全球化大体有三个突出特点：其一，嵌入人工智能、大数据、大网络技术，构建空间物联网，打破传统国家边界限制，形成空间链接，大网络框架下多要素融合，由此，超越现有的供应链模式，中小公司、个人都被融合到空间网络体系之中。

其二，市场开放与均衡发展更好地结合起来，改变自由主义主导下的“唯开放”方式，发达国家更关注全球化下国际财富积累与国内社会经济平衡，各国更关注国家整体安全体系的构建，也就是说，走向更加均衡的全球化。

其三，现行的国际机构、合作机制与平台将会以实际发展的需要进行调整，特别是要适应新全球化发展的需要，为新全球化的发展提供支持和便利。

中新社 中国如何因应未来的全球化趋势？

张蕴岭 中国是全球化的受益者。改革开放为中国参与全球化打开了大门，中国由此实现了经济的快速发展。因此，中国也是全球化的积极推动者和维护者。

在保护主义、民粹主义、政治干预主义上升的情况下，中国必须坚持改革开放。自工业化以来，中国第一次在一些方面走在世界前列。无论是从自身发展需要，还是从推动世界经济来说，中国目前都能够在推动世界市场开放、维护全球化大趋势方面发挥越来越重要的作用。

中新社 您如何看待所谓“权势转移”？

张蕴岭 从世界发展的大趋势来说，权势变局是必然会发生的。历史上，权势是从一个大国转移到另一个大国，也就是替代。但今天的权势转移与过去不同，即权势转移的典型特征不是权势替代，而是权势的分解和分散。

今天谈权势转移，涉及的主要是美国，它是唯一的世界超级大国和霸权国家，对世界有支配和掌控力。但美国的权势会转移到另一个国家吗？我认为不会。“多向化”的分解与分散是新时代权势转移的一个重要特征，随着多样化发展，没有一个国家可以独自掌控未来。联合国等国际和区域组织，覆盖了各个领域，将在管理世界方面发挥重要作用。随着全球事务日趋复杂化，企业、个人、非政府组织等非国家行为体的角色越来越重要。在一些领域，国家力量无法主导，将依靠跨国公司。

如果以新的视角来看待权势转移，也就没有“修昔底德陷阱”了。需要在理论、舆论上建立新的话语体系。从国际变局来说，不能把所有矛头都集中到中美关系。冷战时，苏美对抗确实影响到世界，因为对抗双方形成了两个集团，集团各自都有一个头。现在既没有集团，也没有头。外部世界大多数国家不希望中美发生对抗，不愿意组成集团，更不愿意参与到任何一方对抗另一方，因为既与美国有利益，也与中国有利益。如果仍然以旧的理论视角看待问题，把所有问题都与中美关系挂钩，则根本找不到出路了。因此，今天我们分析世界，一定要有多面的、多层的、多向的视角。

对中国而言，需要考虑和平崛起的综合影响，增加自身战略与目标设定的透明度和融合性。实现中华民族伟大复兴的中国梦，要让他者可以理解和接受，避免引起战略误解与误判。作为一个复兴的大国，中国期待立于世界舞台中央，但届时立于世界舞台中央的不会只有中国，还会有他者，这是新时代权势转移的又一突出特征。

（记者　文龙杰、杨兵、王娇妮）

方李邦琴：美国还是移民的“乐园”吗？

方李邦琴（Florence Fang），祖籍湖北，1935年4月4日出生，1960年随夫移民美国旧金山。美国知名侨领、北京大学名誉校董。现任美国“泛亚公司”董事长，是美国著名的华人企业家和社会活动家。她还是美国知名英文传媒大亨、方氏报业帝国掌门人，旗下有多个英文媒体：《亚洲人周刊》（*Asian Week*）、《独立报》报系*Independent*等。美国媒体称她为“钢铁的木兰花”。

方李邦琴

“文明就是人类前进的一种表现，文明是可以成长的，如果‘于我有利’‘于我适合’，就可以将它融合和消化，慢慢变成自己的一部分。”

自400年前“五月花”号载着首批移民抵达北美后，移民文化就已根深蒂固植于这片土壤之上，让美国成长为一个移民大国。即便是在全球疫情暴发的2020年，美国仍是全球最大的移民目的地国。移民造就、发展和改变了美国。但在今天，有色人种尤其是华人移民，依然未能幸免成为时有发生的暴力事件的“目标群体”。

美国知名侨领、英文传媒大亨方李邦琴结合自己在美国打拼的经历，思考时至今日美国是否依然是移民的“乐园”。

见过方李邦琴的人，总会对她挺直的后背印象深刻，即使年过耄耋，她也不曾改变。美国媒体称她为“钢铁的木兰花”。在美国生活60多年，东西方文化在其身上“交融”，让她形成了今天这个独特的自己。方李邦琴很早就有广泛参加社会或者政治活动的意识，她一次次走进白宫，以期通过学习了解、融入美国社会。

中新社　2000年，方氏家族（泛亚集团）成功收购拥有一百多年历史的英文主流报纸——旧金山《观察家》报，开创了华人首次在美国执掌英文主流媒体的历史。您认为这是否意味着突破了一个行业的“天花板”？

方李邦琴　那是第一次有华人（移民）收购美国著名主流英文日报，曾震动美国报业，前所未有。《华尔街日报》在头版头条报道了此事。收购当天的晚宴活动，我戴了一条老鹰图案的项链，主要是因为《观察家》报的报头是一只老鹰，而且老鹰也代表美国主流社会，觉得很符合当天的氛围。但是外界对此有太多的解读，因为他们太过好奇一个什么样的华人，能够收购有着一百多年历史的美国报纸。

那次收购最大的意义在于给华裔创下一个范例，证明“天花板”是可以被打破的，也是一种“鼓励”。

在美国社会，各个行业都可能会有“天花板”，都需要“第一个人”去冲破。可是当只有少数华裔冲过“天花板”时，还是会觉得很孤独，因为你面临的是另外一个世界。在那里，想要施展自己的能力，实现理想，是非常困难的。

冲过“天花板”仅仅是一个开始，这有点像“攻城”和“守城”的过程，后面还有很长的路要走。只有当所谓的“天花板”被彻底消除，才不会有那种孤独感。

中新社 您曾在此前的采访中提到，“来到美国，没有任何背景。我今天的成就是赤手空拳打拼下来的，从一个街头斗士到登上舞台。”结合个人成长体会，您认为成功的“秘籍”中哪些经验可以复制？

方李邦琴 我没有什么成功的“秘籍”。虽然每个人的境遇各不相同，但是我相信每个移民都可以做到我这一点，就是“勇敢面对”。

从一件小事来说，当电话响了，若是你非常不想接，且没有想好如何处理，你也一定要接这个电话。你可以告诉对方，你还没有准备好，但是不能不接或者不回复。当你选择面对时，事情可能不是你想的那么糟糕。

此外，“担当”也非常重要。你的肩膀能担多大的重量，你就能有多大的成功。我这一生就是这样：从丈夫过世、事业遇到挑战，到收购旧金山《观察家》报……都需要我“担当”。虽然我担子压得那么重，但是我的背永远挺得很直。

中新社 您并不是官员，但却积极参加美国各种社会和政治活动，您认为有必要吗？对于华裔群体来说，这是能够融入当地主流社会的必经之路吗？

方李邦琴 我认为华侨华人想要在美国社会立足，参加美国各种社会和政治活动是一条必经之路。参加政治活动不是让你去竞选，哪怕你只是行使了自己投票的权利，哪怕只是参加了一个座谈会发表自己的观点，也应该积极去做。多表达自己的观点，也多听取别人的意见。

很多人到了美国奉公守法，认真做好本职工作，回到家里过着“小富即安”的舒适生活。但是如果每一个人都在自己的“舒适圈”里，华裔群体永远会被推着走或者遭到打压。

早在1991年，我曾作为旧金山的代表之一，前往白宫参加会议。我的想法是如果能有机会走进白宫，多学习一些，深入了解美国是什么样的，那将是非常有益的。

虽然我没有很大的声音，没有很大的话语权，但当我坐在那里，大家讨论到中国的时候，讨论到亚裔的时候，总会有所顾忌。有一个华裔的面孔总是好的。我也相信，当华裔参政者多起来时，一定会发挥更大的作用。

当你坐在白宫，也会顺其自然发挥自己的作用。比如几年前，美国政府曾发起“十万强计划”（100,000 Strong Initiative），招揽10万名美国学生到中国留学，以加深美中交流。我出资支持了该计划。现在网络发达，各种声音充斥其中，我相信只有让美国的年轻一代真正有机会来到中国，亲身体验，他们才能更加了解中国。

中新社　老布什总统曾经为您的自传写下序言，提到“美国是一个移民的乐园，方李邦琴的故事，就是乐园中的一章”。您理解的移民乐园需要具备哪些元素？

方李邦琴　在原则上讲，美国还是移民的乐园，但就是现在的发展方式已经让它有所褪色。一些时候连人身安全都无法保障，社会表现出病态。但是会过去。

“乐园”最重要的元素是你可以自由追寻你的梦想，追逐自己内心热爱的事情，自由绽放和成长。

中新社　现在针对华裔群体的暴力事件时有发生，您如何看待？您认为华裔应该如何应对？

方李邦琴　自己警惕危险，社会立法保护，但这都是治标不治本的方法。治本的方法，在于让美国人都了解华人、亚裔群体。我希望从华裔群体较多的加州开始，推动将华裔来美国发展的历史，尤其是对美国社会作出的贡献收录在教科书中，让当地中小学生了解我们，尊重我们。

中新社　作为移民，您认为应该如何找到自己内心的“归属感”？

方李邦琴　从大陆跟随家人到台湾，成为“外省人”，之后又跟随丈夫移居到美国，成为“移民”，这是一个从漂泊到落地生根的过程。何处是儿家？儿的家就在内心咫尺之处。内心平静满足，就找到归属感。中国和美国都是我所爱，都是我所属。

中新社　您的经历可以证明，中西文明交流互鉴和跨文化实践是完全可能且有益的。您赞同这一说法吗？

方李邦琴　无论是“人类命运共同体”还是儒家所说的“大同社会”，都需要中西文明的交流和跨文化实践。文明就是人类前进的一种表现，文明是可以成长的，如果“于我有利”“于我适合”，就可以将它融合和消化，慢慢变成自己的一部分。

这些看似很学术的词汇一旦融入生活之中，你就会发现它们可以帮我们解决很多问题。

我在美国已经生活60多年，一定会被美国的文化、思维方式所影响。比如，很多中国人喜欢“诉苦”，对外讲述自己的“痛苦”，更喜欢探听别人的“痛苦”；美国人不会这样做，会认为那是很私人的事，我也吸收了这个特点。可能中美文化中，对于“私人”事情的边界认识有所不同，在不同文化的碰撞之下，我也慢慢形成了自己的风格。

中国人讲究“养儿防老”。在我看来孩子更像是树上的苹果，当他长大成熟，就会从树上掉落，形成独立个体。所以我非常尊重孩子们个人的生活，大家也彼此尊重。

中西文明自然有所差异，这样的例子比比皆是，所以更加需要交流互鉴，彼此融合与发展。

中西方文明和文化都影响着我，我享受两边的文明与文化。过中国传统春节，给孩子们发红包，我很快乐；同样，我也享受着感恩节、圣诞节欢乐的氛围。

中新社　在您与美国社会的交流中，您认为中华文化给您最大的启发和益处是什么？

方李邦琴 “海纳百川，有容乃大”，中华文化中“包容”理念对我影响很大，它教会我们“吸收”，而不是“排斥”。

生活在一个多元文化交融的社会，身边的助手、员工、家庭成员等来自各个国家，有着不同的文化背景，我们都需要有一颗“包容”的心，尊重对方的独特性。

（记者　罗海兵、凌云）

艾明如：美国为何会对亚裔有“系统性”歧视?

艾明如

艾明如（Mae Ngai），美国历史学家、美国哥伦比亚大学博士，现任美国哥伦比亚大学历史学教授，主要研究移民历史、华人历史以及种族问题，多次荣获美国历史学会奖项，著作有《非法外国人与建构现代美国》《华人问题：淘金热和全球政治》《幸运之家：一个亚裔美国家庭的百年传奇》等。艾明如教授新作《华人问题：淘金热和全球政治》一书揭示了19世纪末美国和其他英语国家对华人移民的偏见的根源，阐明了学术界几十年来一直存在的关于华裔、乃至亚裔的有误导性的刻板印象。

“种族主义不是人类对不同人的自然反应，而是由政治产生的。”

美国纽约市警总局2021年10月6日公布全市9月犯罪数据，“仇亚犯罪案件”较去年同期激增368%。事实上，针对亚裔的种族歧视问题在美国早已有之，尤其是从2020年新冠疫情全球大流行开始，西方政客带有偏见的言论在一定程度上助长了美国社会的反亚裔情绪。

美国歧视亚裔的历史根源是什么？亚裔、华裔经过了百余年移民史，在美国社会获得种族平等了吗？美国哥伦比亚大学历史学教授艾明如就此作出深度解读。

中新社　在美国早期的文献中，美国学者对中国移民是“苦力”（coolie，华人劳工代名词）的印象根深蒂固，早期华人历史书写的支配权也在白人手中，何以如此？

艾明如　华人劳工被认为是一种特殊的、种族化的廉价劳动力，是自由劳动的对立面，早期有关华人群体的书籍大多是由白人所著。而实际上，也有一些白人学者对华人群体表示认同。比如社会学家玛丽·柯立芝1909年在其写的《中国移民》一书中，驳斥了“华人等同于苦力”的观点。

然而现实情况并不乐观，在美国政治中持反华观点、反华态度的人更多，因此更容易影响公众舆论，这也就解释了这一偏见为何会根深蒂固。

后来在20世纪60年代，“苦力”这一说法被白人历史学家重新提起。这些历史学家认为，这些华人始终没有融入当地社会，他们也并不像欧洲移民那样享受自由工作的权利。

因此我的研究正是还原当时在美国和其他英语国家定居的“中国人”的真实故事，展现出一段更加公正的历史。我认为“苦力”这一描述很失真，这个词汇中带有种族性的歧视色彩，把华人描绘成奴隶，认为他们在生活和工作中没有发言权。我并不赞同这种观点。

中新社　19世纪中期加州“淘金热”至二战阶段华人的遭遇，还有后来《排华法案》的出台，都表明华人在美国屡遭排斥与歧视。然而，为什么华人移民美国的脚步从未停止？

艾明如　美国的反华情绪可以追溯至19世纪。反华政治在各个地方有所不同，但是政治也会相互影响和借鉴，因此在19世纪末20世纪初，在白人殖民主义的基础上出现了一种普遍的反华种族主义理论。

关于移民最主要的一点是，以“商人”和“学生”身份到美国的中国人并不会受到《排华法案》的约束。另外，还有相当一部分移民以“纸儿子”（paper son）的身份出现在美国，也就是在美国出生的华人孩子，也没有受到《排华法案》的约束。甚至在1950年，多达一半的美籍华人是“纸儿子”，所以从历史角度看，中国人移民美国的脚步从未停止。

中新社　从1943年《排华法案》废除至今，美国的华人史研究逐渐活跃，是华人群体长期影响美国社会导致的吗？

艾明如　除了对“华人劳工”这类处于社会底层人群的研究外，还有很多对非工人阶级美籍华人的研究。比如，张素芳的《淘金：美国西部的华人矿工和商人》、谭碧芳的《解放缠足》、我个人的《幸运之家：一个华裔美国家庭的百年传奇》。尤其是埃伦·吴的《成功的颜色：华裔美国人与模范少数民族的起源》一书，几乎成为20世纪关于华裔新中产阶级的主流观点。美国华人群体在很多方面都影响了美国历史和社会。

中新社　在您的著作《幸运之家：一个亚裔美国家庭的百年传奇》中，您试图通过泰普之家表达什么？华人群体是否真正影响到了美国的历史进程？

艾明如　第一代移民约瑟夫·泰普中文姓氏是赵。他立志成为美国的“白人中产阶级”。我通过研究他们一家人的经历，可以清楚看到中国移民在美国的百年历史，以及美国社会文化的变迁。我希望能以小见大，通过“小人物”“小故事”来展现“大历史”的整体背景。

书中提到了美国华人群体在很多方面影响了美国的历史和社会，下面这些例子可以证明。如关于华人移民和公民权方面的案件：益和诉霍普金斯案、《排华法案》、冯越亭诉合众国案，以及美国诉黄金德案等。出生于美国的黄金德回广东探亲，再次入境美国时被拒，原因是他的父母并不是美国人。当时，根据《排华法案》，任何离开美国的华人不能再自由地回到美国，即使永久居民也被剥夺了成为美国公民的权利。黄金德开始了漫长的诉讼，直至1898年才获判决可以入境。这些华人代表补充构建了美国的宪法。

中新社 “泰普一家”是早期美国社会里的中产阶级家庭，即使物质丰富但仍难以真正融入美国社会，为什么？在当今时代，亚裔美国人的种族平等梦实现了吗？

艾明如 部分美籍华人的确在物质上取得了很大成功，但我必须坦诚地说，实现种族平等还有很长的路要走。

中新社 有许多美国人对华人并非充满敌意，但这些正面信息都被海量的负面宣传淹没，逐渐形成了一种舆论基调。您怎么看待这种现象在美国排华历史中的复杂性？

艾明如 种族主义不是人类对不同人的自然反应，而是由政治产生的。学术界几十年来对华人有误导性的刻板印象，关于华人的历史资料也很少，更不用说中国人写的了。再者，我认为其中的一些政治因素也很重要。

中新社 不止华人群体，其他移民族群也会抱团聚集在一起，却始终无法融入美国白人社会。您如何看待这一现象？

艾明如 历史学家称这种现象为“跨国性的身份认同及社会实践”，这种现象在移民族群很常见且具有普遍性。第一，这些移民群体始终没有真正融入美国白人社会。第二，他们仍想时刻与自己祖（籍）国的社群、家人朋友保持联系。美国白人社会不仅对亚裔美国人有抵触，对其他移民群体同样如此，这也是来源于刻板印象。

中新社 自新冠疫情席卷全球以来，美国对亚裔美国人的暴力和仇恨上升，这种现象的历史根源是什么？您认为应如何破题？

艾明如　这可以追溯到美国19世纪出现的排华运动。如我之前所说，学术界几十年来对华人抱有误导性的刻板印象，几乎没有什么文献去纠正这一印象。然而，消除这种印象既需要经验分析，也需要论证分析。造成这种结果的原因需要多方面考虑，我认为如果真的是因为政治而造成了一系列的反华情绪，那同样也要从政治的角度去解决。

（记者　柴敬博）

埃伯哈德·桑德施奈德：动辄质疑中国“渗透”为何暴露了西方的不自信？

埃伯哈德·桑德施奈德（Eberhard Sandschneider）是德国著名国际关系学者、中国问题专家。曾任德国外交政策协会研究所所长、柏林自由大学政治系主任、德国联邦安全政策研究院咨询委员。现为柏林自由大学荣休教授、“柏林全球顾问”咨询公司合伙人。

埃伯哈德·桑德施奈德

“一个国家试着尽可能去展示其正面形象——这在全世界范围内是最正常不过的了。美国这么做，欧洲也这么做，现在中国也在这么做。我们不该为此批评中国。”

执政16年后，德国总理默克尔终谢幕，朔尔茨正式接棒。“后默克尔时代”的中德与中欧关系通向何方？中美关系历经波折，德国和欧洲又该如何自处？桑德施奈德表示，以一种指手画脚的方式指责中国，或者一味地说中国没有达到西方的期待，都不是建设性地处理对华关系的方式。

中新社　您如何看待“修昔底德陷阱”？

埃伯哈德·桑德施奈德　哈佛教授格雷厄姆·艾利森在他近年出版的著作里讨论了著名的“修昔底德陷阱”。实际上这在全球历史上并不是什么新鲜事。中国的崛起其实是一个完全正常的过程，试想当一个国家有着14亿人口和如此广阔的面积，且在40年时间里年平均经济增速达到两位数时，那么在40年后，没有人会对其将经济实力转化为政治影响力和军事能力感到惊讶。

任何一国倘若陷入同中国的持续对抗之中，都不会符合其自身的利益，各方都将从中受害。始于特朗普、被拜登所承袭的一个“魔咒”是“脱钩”，这意味着世界上最大的两个经济体相互解除联系。这种做法将令德国企业陷入一个几乎无法解决的“二选一”困境——究竟应该专注于中美哪一个市场？因为制裁而不得不疏远哪个市场？因此，如何妥善处理对华关系，是关系到德国企业生死存亡的问题。

最近一些日子里，考虑到在阿富汗、伊拉克、利比亚、叙利亚等地所发生的事情，我们同中国谈论“价值体系”时又该从何谈起？在这些地方，我们试图通过武力将西方的价值体系贯彻到政治当中，却以惨败告终。这些事件令人惋惜的结果是，与中国对西方的批评相比，西方自己对自身价值体系造成的破坏要大得多。这就是西方“价值观外交”的陷阱——我们的公信力严重受损。

中新社　您如何看待中美双方近期改善关系的尝试？

埃伯哈德·桑德施奈德　对话本身就已经很重要，对于避免军事摩擦很重要。中美之间的对峙状态并未消失，但双方已经开启了对话，这是较长时间以来的首个积极信号，因此非常重要。

中新社　一方面，中国已是一个德国乃至欧洲绕不开的全球经济大国；另一方面，西方在人权和价值观等问题上对中国有着强烈的指责。德国如何能够在这种紧张的环境下仍维持良好的对华政策？

埃伯哈德·桑德施奈德　我不会以一种指手画脚的方式给中国提出建议，不会一味地说“中国没有做我们期待他做的事情”，而是试着为中国的政策提出建议，让中国能够做得更符合自身利益。

中国可以从美国那里得到的启示是，应该经受得住一部分批评，同时以建设性的态度应对这些批评；至于另一部分批评，应当反击时当然就要反击。但总的来说，接受批评是一个全球性大国必须要习惯的事情。

另一方面，西方又应该如何改善其对华政策呢？我对中国有超过40年的观察，首先，我们最大的问题出在预期管理。我的一些美国同行40年来都没有改变过他们的做法；当发现中国没有“照办”，他们的反应当然是愤怒，甚至有一些沮丧。但不管西方喜不喜欢，或者觉得是否达到其预期，中国去维护其自身利益都是完全正当的。这就意味着预期管理是西方处理与中国关系时的一大挑战。

第二个问题则是对华政策的内政化。当政治人物批评中国“侵犯人权”“盗窃技术”“市场准入”等时，很容易在其国内博得叫好声，但这却与其批评的内容没有联系。我们并没有付出和中国的体量相称的努力去理解这个幅员辽阔的国家，这也就造成了我们围绕中国的讨论具有显而易见的傲慢。我们认为我们的价值体系和政治体系对中国也是适用的，但中国并不接受这一套。在中国国内政治的语境下，西方多年以来的这种傲慢让人想起了历史上曾遭受的屈辱。

如果要寻找到一个概念，能够简要地概括一种多维度、而不是非黑即白的对华政策的话，我想引用我十分尊敬的德国前驻华大使施明贤的话，他对中国有着非凡的理解——“平等而充满尊重的对话”。除了对话，没有其他选项。制裁是备选项吗？我想不出西方出于各种理由对中国实施的制裁中，有哪一次最终达到了其最初设想的目的。

德国和中国2022年迎来建交50周年。1972年，没有人想象得到，德中之间的经济和政治关系能够达到近几年的水平。希望双方的善意和相互学习的意愿能够成功化解棘手的挑战。

中新社　为何西方很多人担心"随着中国在全球的经济扩张，其政治影响力也随之增长"，您认为这一影响力有多强？西方民主现在需要被"保卫"吗？

埃伯哈德·桑德施奈德　民主当然需要保卫，但是保卫民主时需要更加自信。要说明这一问题，围绕孔子学院的争论就是很好的例子。据称中国正试图"向西方社会施加巨大影响"，孔子学院就是实现这一目的的"潜水艇"之一。这么说真的对吗？好吧，或许可以说，"孔子学院被赋予的使命是向世界展示一个正面的中国形象"。但这是中国独有的做法吗？并不是。德国的歌德学院在做什么？德国的各大政治基金会又在做什么？德国国际合作机构GIZ做的又是什么呢？

一个国家试着尽可能去展示其正面形象——这在全世界范围内是最正常不过的了。美国这么做，欧洲也这么做，现在中国也在这么做。我们不该为此批评中国。质疑者在此过程中暴露了对自身价值观吸引力的不自信。说到这里，我又想回到施明贤的那句话，必须要以充满尊重的方式进行对话。

中新社　您如何看待德国未来几年的外交政策？

埃伯哈德·桑德施奈德　从很多角度来看，德国外交政策无疑都处在一个重大的变动期。首先是跨大西洋关系的变化，我们已经看到了美国外交政策最新的走向，欧洲已经不再是美国最核心的盟友，拜登在做决定前甚至都不问一问欧洲——无论是巴黎还是柏林，这给德国和欧盟的外交政策带来了一种震撼效应。其次，欧盟内部也存在着问题。我们有对外行动部门，但缺乏统一的外交政策；我们有欧盟外交与安全政策高级代表，但没有人会真正宣称"欧盟有统一的外交政策"。因此德国外交政策面临巨大的挑战。

中国的政治是一种贤能政治。一名官员如果无法证明其具备相应的能力和经验，是没有可能当上中国外交部门的负责人的。在这一方面，中国是结果导向的。而在德国，如果一场政府组阁谈判赶上了错误的时间节点或是不理想的情形，是可能推出一位毫无外交经验的外交部长的。中国不会出现这样的事。这样的事对德国外交政策不会带来益处。

（记者　彭大伟）

丹·斯坦伯克：为什么说“WTO当初接受中国是一个错误”的论调是错的？

丹·斯坦伯克（Dan Steinbock）是国际知名多极世界战略家，Difference Group 创始人，美国智库印中美研究所国际贸易研究室主任，中国上海国际问题研究院和新加坡欧盟中心访问学者。

丹·斯坦伯克

“一些西方国家认为中国加入世贸组织是一个‘错误’。这种观点反映了一种持久的帝国本能，这是对殖民时代的一种危险的怀旧情绪。”

2021年12月11日是中国加入世界贸易组织（WTO）20周年。“入世”20年，中国在积极参与经济全球化的过程中，所处的地位和扮演的角色发生了哪些变化？

丹·斯坦伯克深度剖析中国“入世”20年给世界经济带来的改变。他表示，西方应该承认中国对世界经济的非凡贡献，将其视作负责任的伙伴，参与其发展，并进行合作。

中新社 2001年12月11日，中国成功“入世”，成为世贸组织第143个成员。您认为WTO是否需要中国？

丹·斯坦伯克 当然是的，这是一种双向关系，尤其是当组织处于单边主义的新风险之下时——这种威胁为WTO带来了阴影。

世贸组织于1995年成立，取代了1947年成立的关税及贸易总协定（GATT）。其基本理念源于1944年的布雷顿森林会议，当时，人们提议建立新的国际贸易机构以扩大国际货币基金组织（IMF）和世界银行的作用。由于孤立主义和保护主义促进了大萧条的到来，并导致了第二次世界大战，因此人们希望能够避免孤立主义和保护主义。

经济学家约翰·梅纳德·凯恩斯曾在第一次世界大战结束后发出警告，认为西方盟国苛刻的和平条件会导致世界大战再次发生，而事实也的确如此。在布雷顿森林会议之后，他又发出警告说，如果盟国不愿意在真正的多边贸易体系上达成一致意见，那么在美国失去霸主地位之后，世界将会再次分裂。到了20世纪70年代，美国的贸易赤字（以及后来的预算赤字）成为新常态。

时至今日，世贸组织主要体现的仍然是繁荣经济体的利益和议程。这也是世贸组织需要中国和其他大型发展中经济体的原因：为建立一个真正的多边和包容的世贸组织铺平道路。这一目标早在20世纪40年代就已经提出，可以代表当今的世界贸易。

中新社 在您看来，20年来，中国在WTO中发挥了怎样的作用？为全球经济增长作出了哪些重要贡献？

丹·斯坦伯克 当中国加入世贸组织时，协议中规定成员可以将中国视为“非市场经济体”。面对中国的经济规模、政府干预和国有企业，发达经济体认为必须要抛开中国的国内价格比较，采用“构造价值”来了解中国经济的“真实情况”。

此协议的关键条款于2016年12月到期，美国、欧盟和日本应给予中国应有的市场经济地位（MES）。但令人震惊的是他们并没有这样做。尽管这20年来中国已经取得了历史性的进步，但美国仍然坚持否认中国的地位。

然而，就像20年前一样，中国仍被（西方）征收高额反倾销税。我们可以想象一下，如果在这些发达经济体进行工业化时也对它们采用同样的双重标准，会发生什么？ 19世纪，美国的关税是世界上最高的，其惯例是保护新生工业。美国政府认为，以美国为基地的制造业对主权至关重要。而在法国，国家干预可追溯到重商主义和科尔伯特时代。德国的弗里德里希·李斯特将其国家创新体系的理念根植于美国式的新生工业保护和高额关税。伊丽莎白时代的重商主义催生了英国的自由贸易帝国主义。

此外，与处于工业化进程中的西方大国不同，自2001年以来，中国一直在积极努力使自己与世贸组织规则保持一致，开放市场，遵守世贸组织规则。中国的整体关税水平已减至7.4%，低于世贸组织发展中成员，接近发达国家。

中国不是世贸组织或世界贸易的试金石，贸易单边主义才是。

中新社 加入WTO是中国对外开放的一个里程碑，也是中国坚定支持多边贸易体制发展的证明。您怎么看待在全球化时代，中国在多边体系中发挥的作用？

丹·斯坦伯克 在20世纪末之前，世界经济主要由发达国家推进。过去20年，由于经济改革和开放政策，大型发展中经济体的长期增长潜力日益增加，特别是新兴的亚洲，尤其是中国。然而，最新的一轮多边贸易谈判（即2001年启动的《多哈发展议程》）却以陷入僵局而告终。美国、欧盟和发展中国家之间长期存在的分歧，使谈判变得复杂。议程的关键问题包括农业、工业关税和非关税壁垒、服务和贸易补救措施。

时机很能说明问题。随着大型发展中经济体崛起，世界贸易体系随之陷入僵局。与此同时，美国作为关贸总协定/世贸组织的缔造者，其贸易立场正发生变化。与前几届美国政府不同，作为贸易摩擦“鹰派”的特朗普主张对多边主义和国际规则施加双边压力。拜登政府也采取了相同立场。因此，今天世界贸易仍然停滞不前。

中国和其他大型新兴经济体（尤其是出口导向型贸易国）在近10年或20年中一直要求在世贸组织中拥有相应发言权和代表权。这对富国和穷国都至关重要。而这也是多边相互依存的意义。所以说，中国在21世纪世贸组织改革中发挥先锋作用至关重要。由于西方正推动“去全球化”，于加强发达经济体和发展中经济体相互依存的好处和价值而言，中国的角色极为重要。

中新社　WTO前总干事帕斯卡尔·拉米曾指出，“现在某些西方人士当中有一种论调，即‘（WTO）当初接受中国是一个错误’，这种论调绝对是错误的。”您怎么看这样一种论调？入世20年后，西方应当如何正视中国对世界经济的贡献？

丹·斯坦伯克　我同意拉米的看法。一些西方国家认为中国加入世贸组织是一个“错误”。这种观点反映了一种持久的帝国本能，这是对殖民时代的一种危险的怀旧情绪。

当冷战结束，中国加入全球体系时，后者仍由少数西方富裕经济体主导，即所谓的“经合组织俱乐部”。正如经合组织资深经济学家西尔维娅·奥斯特里过去常常指出的那样，当代表不同政治遗产的经济体开始整合时，总是会出现“系统摩擦”。但我们需要去管理这种摩擦，而不是压制它。不存在一种成为所有国家典范的单一的、“正确的”资本主义。正如资本主义有多种形式一样，市场经济也有多种形式。这种多样性和差异性是财富而非负担。

西方国家不应试图将刻板模式强加给中国，这种模式通常为外部经济利益服务，而不是为中国人民服务。西方应承认中国对世界经济的非凡贡献，将中国视为负责任的伙伴，参与其发展，并进行合作。

我们都需从不同视角看待问题，以避免过去的错误（从残酷的殖民主义遗留问题和冷战的分歧到“9·11”事件后的反恐战争），强调和平与稳定的重要性，确保更具包容性的发展和真正的多边贸易前景。

西方国家也应这样看待中国对世界经济的贡献。

（记者　高楚颐）

易阳：西方“中国威胁论”的实质是什么？

易阳（Jan-Boje Frauen），德国学者，厦门大学人文学院哲学系博士后，研究领域为科学哲学。2019年获得厦门大学国际关系博士学位，曾在德国哥廷根大学和美国加州大学分别获得哲学和语言学硕士学位。博士后期间的论文《火与语言：深层结构社会文化进化的两面性进程》发表在语言学、符号学、传播学等领域的国际期刊上。2021年8月在《中国文化国际传播》期刊上发表论文《“中国威胁”的叙述：21世纪初至特朗普上任期间美国对中国认知的话语根源分析》。

易阳

“西方需克服其帝国主义传统，并学会接受‘并非每个国家都需要加入西方体系’的现实，这是很重要的。”

随着中国综合国力和国际地位不断提升，“中国威胁论”成为部分西方政客和媒体热衷炒作的论调。然而更多有识之士认为这种观点没有科学依据。德国学者、厦门大学人文学院哲学系博士后易阳深入分析了“中国威胁论”的实质。

中新社 西方的“中国威胁论”经历了怎样的发展路径？

易阳 并不存在真正的“中国威胁”理论，可将其视为许多不同观点的总括术语，我称之为对感知到的“威胁”的不同叙述。它们来自不同的背景，其中一些本质上是矛盾的。我更愿意称它们为“叙述”而非“理论”，因为这些观点背后几乎没有科学研究。

美国对中国知之甚少。因此，“中国叙述”成为一个投影空间，至少部分脱离了真实的中国。

“中国威胁”的叙述有不同的来源。

“黄祸”说法至少可追溯至鸦片战争，甚至更早，认为东亚人是“他者”“东方人”，是侵入性的，东方体制是“低等”的。有个观点是中国最终会变得像西方一样，持此观点的人坚信，凡经济成功和进步之地，西式自由民主必随之而来。“荒野”会被西方人耕种，或受西方影响。这种将中国视为匮乏的东方帝国、需要“西化”的叙事，完全忽视了中国在20世纪尤其是近40年发生的剧烈变革和现代化。

另一方面，今天对中国的表述越来越多与“红色恐怖”“共产主义威胁”混在一起，强调中国是一个社会主义国家，类似在苏联失败的共产主义，认为中国将与西方世界隔绝，试图扩大自己的势力范围，以制衡西方的统治。这种叙述忽略了今天的中国体制与苏联几乎没有相似之处。

根据上面两种叙述，中国应在过去20年要么拉起“铁幕”并崩溃，要么成为西式民主国家。当然中国没有这样做。

中国制度正在发挥作用，尽管它不是“西方”的，而且也没有迹象表明它会随着时间的推移变得更加“西方”。因此，我们最近看到了更多“系统冲突叙述”。然而这个叙述也无法理解真实的中国。

中新社 您2021年8月发表了论文《“中国威胁”的叙述：21世纪初至特朗普上任期间美国对中国认知的话语根源分析》。您撰写此文的初衷是什么？

易阳 多年前，我在德国柏林自由大学的博士论文中开始了这个项目，旨在研究“中国挑战”在美国流行的商业和经济书籍中是如何体现的。

我对这些书籍中赤裸裸的种族主义感到震惊。因此我开始阅读美国反华和反亚洲种族主义的著作，结果让我感到诧异。美国顶尖大学似乎有意识地限制亚洲学生的录取。有一种“糟糕的种族主义”，美国已与之斗争了几十年，但同时还有一种针对东亚人的“可接受的种族主义”，如，美国前总统特朗普称新冠病毒为“中国病毒”，此后针对东亚人的仇恨犯罪激增。

在美国的话语体系中，有关中国的叙事，一种是认为“中国”是“诡计多端、高度老练的外国敌对实体，旨在占据全球主导地位”。该话语适用于中国经济，也适用于中国日益强大的军事力量，在很多方面和冷战论调是呼应的。在美国，“共产主义威胁”充斥于字里行间。

中国经济崛起被视为破坏了对抗全球变暖的斗争。西方常常把焦点放在中国是全球最大排放国，鲜少提及中国人均排放量实际比美国小得多。

另一个“威胁”是担忧中国经济崩溃将拖累全球金融体系。讽刺的是，这个话语中，我们发现了西方对中国失败的恐惧，这凸显了中国对全球体系的重要性。

因此，一方面，中国被视为一个高度复杂的、由于意识形态的差异性而具有潜在危险的超级大国；另一方面，中国被视为危险的，因为它的崛起缺乏成熟度和计划，这可能导致各种全球性问题。

这些叙述根本不能被称为“理论”，“理论”的背后是科学评价，但在这两种论调中都没找到科学评价。

中新社 近年来，美国和西方对华舆论攻击的对象和用词不断变化。您如何看待这一趋势的演变？“中国威胁论”的实质究竟是什么？

易阳 “中国威胁论”更多是一种论调，而非一个实际的理论。每当中国被当作反对美国的“他者”时，这种论调就会出现。与“他者”相比，美国将自己定义为“好的”和“正确的”。因此，对于“他者”实际上包含的内容，可以有不同的语义分配，其中许多来自旧的冷战修辞或东方主义的惯用语句，而不是来自中国的实际情况。

随着中国日益被视为世界上第二大主导力量，美国不得不与之抗衡，中国崛起正导致“他者”机制的强化。将“自由世界”与其他所谓的“他者”对立起来的二分法，还是来自于冷战。

词汇的强化大多与“他者”机制有关。在某种程度上，这是由中国日益增长的重要性以及美国意识到中国将保持增长所驱动的。中国越来越被视为真正的威胁。

还有一点是民粹主义的兴起。如今互联网使影响公众舆论变得更容易。更确切地说是公众舆论影响了它自己。比如“中国病毒”，在这个词汇的传播过程中人们忘记了病毒没有国籍。人们利用这些话语浪潮获得影响力和权力，这些人被称为“民粹主义者”。

中新社 当今时代，大国之间应如何和平共存？

易阳 这是个难题。冷战期间，政治“现实主义者”认为，最安全的世界是两极世界，但这两个主要实体之间爆发公开战争将导致双方“相互保证毁灭（M.A.D.机制）”，这无疑是人们能想象到的最糟糕的“和平稳定之路”。除了灭绝的风险，这也意味着世界被一分为二，国际舞台上的两大阵营几乎没有接触与合作。如今，许多“红色恐怖”模式下的“中国威胁论”认为，未来中国与“西方”或中国与美国之间也会出现这种情况。

冷战结束后，有两种理论大受欢迎。一个是塞缪尔·亨廷顿提出的“文明冲突论”，它认为未来将由文化领域之间的斗争来定义。对西方来说，这一领域中最危险和最具破坏性的是阿拉伯/穆斯林和中国。另一个是《历史的终结》（弗朗西斯·福山著）一书中提到的，所有国家都将成为西式民主国家并实现和平团结。把这两种理论放在一起，就会发现西方逻辑的问题：要么是东西方文化之间爆发战争，要么是东方文化将变得与西方文化一样。

今天的世界已经超出了划分阵营仍然可行的地步。我们正面临着威胁每个人生存的全球危机。

对于一个成功的未来，西方需克服其帝国主义传统，并学会接受“并非每个国家都需要加入西方体系”的现实，这是很重要的。这并不意味着冲突是不可避免的，也不意味着双方不能合作。

（记者　万淑艳）

Part 3

如是中国

潘基文：恢复联合国合法席位50年，中国为世界带来了什么？

潘基文（Ban Ki-Moon），韩国前外交部部长。2006年10月13日，潘基文在第61届联合国大会上当选联合国第八任秘书长。他是首位来自东亚，也是第二位来自于亚洲的联合国秘书长。2011年6月21日，潘基文在第65届联合国大会上获得连任，任期至2016年12月31日。2017年9月14日，在秘鲁利马举行的第131届国际奥林匹克委员会全会上，潘基文当选国际奥林匹克委员会道德委员会主席。

潘基文

“中国作为世界和平的建设者、全球发展的贡献者、国际秩序的维护者和公共产品的提供者，其倡导的理念与《联合国宪章》是一致的。”

1971年10月25日，第26届联合国大会以压倒多数通过第2758号决议，决定恢复中华人民共和国在联合国的合法席位。50多年来，中国深入参与联合国事业，以实际行动坚定支持联合国在国际事务中发挥更大作用。

联合国前秘书长潘基文对中国50多年来深入参与联合国事业、全力支持联合国在国际事务中发挥核心作用表示赞赏，并期待未来中国能够在世界舞台发挥更重要作用。

中新社　2021年是中华人民共和国恢复联合国合法席位50周年，您认为这50年间中国在支持联合国发挥作用方面作出哪些贡献？

潘基文　中华人民共和国恢复联合国合法席位是联合国历史上具有里程碑意义的事件。中国恢复席位后，联合国在规模和内容上都成为一个具有普遍性的组织。

中国是安理会常任理事国，一直以来，中国常驻联合国代表都在为使安理会发挥更有效作用而努力。50年来，中国为实现联合国理想作出了重大贡献：

中国作为联合国安理会常任理事国之一，在世界许多地方积极投身和平与发展的崇高事业。

中国还为成功实施千年发展目标与可持续发展目标作出了贡献。千年发展目标的首要目标，就是消除极端贫困和饥饿，中国在这方面的成绩鼓励着其他发展中国家。

中国在落实可持续发展目标方面也发挥着至关重要的作用。习近平主席于2015年访问联合国，表明中国对通过可持续发展目标的大力支持。这是联合国推动可持续发展目标的巨大推动力，我仍然感谢习主席对联合国的大力支持。

中国最重要的贡献是其对应对气候变化的坚定承诺。中国在《巴黎气候变化协定》的谈判进程中发挥了决定性作用。中国承诺争取在2060年前实现“碳中和”，更向其他国家发出了鼓舞人心的信号。

中新社 50年间，中国的经济发展取得了瞩目成就。中国的发展经验对世界有何借鉴意义？您对中国未来在世界舞台的作用有何期待？

潘基文 中国在人类生活的各个领域都取得了显著发展，尤其是在经济领域，中国已经从一个贫穷的国家发展成为世界第二大经济体。中国的经验无可否认地表明，开放市场和自由贸易是最有效的经济发展方式。同时，中国的成功显然正在激励其他发展中国家，它们在经济和技术领域取得进步的过程中学习借鉴中国的经验。

与此同时，中国一直积极参与全球事务，成为世界上最具影响力的参与者之一，其在经济、政治、文化等领域的影响力也迅速增长。因此，国际社会自然期待中国在政治、社会经济和人权等全球事务中发挥更具建设性的作用。

此外，中国在发展与世界各国的关系中也秉持多边合作原则。中国作为世界和平的建设者、全球发展的贡献者、国际秩序的维护者和公共产品的提供者，其倡导的理念与《联合国宪章》是一致的。希望中国今后继续与联合国密切合作，让世界更美好、更安全、更繁荣。

中新社 当前，世纪疫情叠加百年变局使国际形势演变更趋复杂，多边主义也受到冲击。您认为中国在完善全球治理体系方面可以发挥哪些作用？

潘基文 众所周知，我们正面临气候变化和新冠肺炎疫情大流行等严峻挑战。然而，国际事务中最严峻的挑战是多边主义的弱化。

多边合作不是任何一个国家可以单独完成的，它需要所有人的集体意志和智慧，以及联合国所代表的共同目标感。然而，近年来多边合作减弱令我非常失望，我不得不敦促世界领导人更加积极地培育多边主义。

对此，中国国家主席习近平提出的“人类命运共同体”理念值得关注。人类共享同一个星球、同一个未来，我们需要为共同的和平与繁荣而努力。相信中国可以在扩大共同性的同时，用智慧与耐心解决同有关国家的分歧。

中新社　2022年，中国和韩国迎来建交30周年，您如何评价中韩关系，对未来有何期待？

潘基文　30年来，韩中两国一直是邻国相互合作的典范。孔子有言，“三十而立”，到了30岁，人们就应该确立人生目标。对国家而言亦是如此。韩中两国要庆祝建交30周年，应在政治与经济社会发展等各领域建立更成熟的关系。

韩中的友好关系不仅要建立在物质互惠的基础上，还要建立在文化共性的基础上。两国地缘相近，共享数千年历史，有着热爱和平与合作的文化底蕴。下一个30年，我们应该更积极地促进人文交流，特别是青年人的交流，寻找共同的文化背景，扩大人与人之间的了解。这将有利于包括朝鲜半岛在内的东北亚地区的永久和平稳定与共同繁荣。

（记者　刘旭）

胜雅律：我如何“观中国”？

胜雅律（Harro von Senger），瑞士知名汉学家，德国弗莱堡大学汉学专业终身教授，瑞士比较法研究所中国法律顾问；1988年出版介绍中国三十六计的专著《智谋（上册）》，其后出版《智谋（下册）》《谋略》等著作，2011年翻译出版德文版《孙子兵法》，2017年出版《瑞士之道》，2020年出版《给法律人士的36计》，2021年出版《中国民法典中的继承法》；精通中国法律、中国法律制度史、中国法律思想史等，多年来发表了大量以中国法律、中西方文化交流等为主题的文章。

胜雅律

“‘全顾学方法论’要求在分析、解决问题时必须‘全顾一切方面’，从多种意识形态出发加以学习研究，因为不同意识形态对‘问题一切方面’的看法并不一样，这意味着从多个意识形态看问题要优于从单一意识形态看问题。”

胜雅律是公认的“中国通”。他读大学时开始学习汉语，1970年发表的法学博士论文以传统中国买卖合同为主题，这是第一篇由瑞士人所写有关中国法律的法学博士论文。1975年至1977年，胜雅律以瑞士公派留学生身份在北京大学就读。待1978年中国打开“国门”后，他几乎每年访问中国，亲眼见证了中国改革开放40多年来的发展变化，发表了大量以中国法律、中西方文化交流等为主题的文章。

身为法学家、汉学家和“中国通”，如何观察和理解中国？胜雅律给出了他的看法。

中新社　您多年潜心研究中国三十六计，出版了多部著作，认为“无论东西方，三十六计表现的是普遍的行为模式”。在您看来，这其中凝聚了怎样的智慧？

胜雅律　我想用太极图回答这个问题。可以说，太极图黑色的一半代表“奇”，白色的一半代表“正”，两部分组成一个统一体。在人生中用“正”即白色的方法解决一切问题是不可能的，同样用全“奇”即黑色的方法也是不可能的，需要把“正”和“奇”结合起来，具体问题具体分析，看看用“正”还是用“奇”的方法好。

同时，不能因为太极图中黑白各占一半就认为“正”所发挥的作用和“奇”所发挥的作用一样大，我认为要“以正为主，以奇为辅”，重要的是尽量用“正”的方法解决问题。比如在日常生活中最重要的是通过法律解决问题，实在不行再在法律和伦理允许范围内用“奇”的方法。从我的经验看，大部分问题都可以用“正”的方法解决，少数问题才需要用“奇”的方法。中国三十六计凝聚了“奇”的智慧，给人们提供了在“奇”的领域解决问题的方法，让人们能够比较容易“因地制宜”地找到一个具体方法来“出奇制胜”。

有些人对三十六计或者说对计谋持负面看法，但我认为，不应该轻视小的东西，小的东西有时候影响巨大。比如新冠病毒那么小，人的肉眼都看不见，却对世界影响这么大。因此“雕虫小技”一类的说法比较肤浅。

中新社 为什么您的研究后来从三十六计上升到了谋略？您如何理解谋略？

胜雅律 中国人处理问题的智慧不限于“奇”，还包括“正”，这种兼顾“奇”和“正”处理问题的智慧，我称之为谋略。谋略包括“正”的思想，比如“治国之道必先富民”，也包括“奇”的思想，比如“藏巧守拙韬光养晦”，它的范围很广，因此要想全盘了解中国认识和改造世界的方法论，就要研究谋略，只研究计策是不够的。

谋略代表着长期规划和布局。1985年，我在中国报纸上读到中国领导人的一篇报告，讲到21世纪中叶，也就是新中国成立一百年后，要把中国建成经济发展水平接近世界最发达国家的社会主义强国。我当时很震惊，后来在瑞士重要的《新苏黎世报》发表文章，专门把“2049年”放到文章副标题，向西方人介绍中国的“百年目标”——它的时间跨度大大超过了西方各种战略规划，这也是谋略的一方面。

中新社 2017年您出版的《瑞士之道》中，为什么用中国《道德经》里的智慧描述瑞士的治国之策？

胜雅律 1971年到1973年，我在台湾留学，第一次接触到老子的《道德经》，当时觉得非常陌生，里面的思想好像“没有英雄气质”，没有“强大和斗争”，似乎同西方人没有多大关系，是典型的“中国人思维方式”，但后来我重读《道德经》，想法开始转变。

20世纪90年代，我突然觉得《道德经》恰好是瑞士这个国家处世的蓝本，所以用几乎100条《道德经》“语录”解释瑞士的处世方式，比如“小国寡民”“无为”“不争”等思想，与瑞士的小国身份、中立原则等非常符合。可以说约2500年前，已有一位中国智者阐明了今天的瑞士的处世艺术。《瑞士之道》出版后，《新苏黎世报》写了书评，不过用中国哲学思想来解释瑞士，还需要时间让人接受。

中新社　为什么您说自己是西方少有的重视和研究马克思主义的学者？哪一点让您印象深刻？

胜雅律　1975年到1977年，我在北京大学留学，期间学习了马克思主义，希望了解它对中国现实的影响。之后我慢慢认识到，我在瑞士所学的法学（备注：留学北大前胜雅律已拿到苏黎世大学法学博士学位）和在北京大学所学的马克思主义有相通之处：法学关心规范世界，马克思主义关心改造世界，可以说都属于“干预性”（Interventional）思想体系。

对于马克思主义，我印象最深的是主要矛盾理论及其政治实践。我认为，中国共产党根据不同历史发展阶段的主要矛盾来确立政治路线。主要矛盾是马克思主义对中国现实发挥具体影响的关键部分，比如中国改革开放之初社会主要矛盾是“人民日益增长的物质文化需要同落后的社会生产之间的矛盾”，现在的主要矛盾是“人民日益增长的美好生活需要与不平衡不充分的发展之间的矛盾”，主要矛盾发生转化，各项具体方针和政策都相应发生了变化。

中新社　您在观察和研究中国的时候，非常重视中国官方文件和法律法规，强调要把现象学方法和规范学方法相结合，为什么？

胜雅律　我是苏黎世大学的法学博士，也是一名瑞士律师，学术生涯伊始就很重视法律法规和官方文件，也习惯于阅读和分析规范性材料中不那么“诗情画意”、在很多人看来“枯燥无聊”的表达方式。我用规范学方法研究中国官方文件，是为了预见未来中国的发展，因为通过这些文件可以研究中国对未来的设想、方向以及目标。

接下来，当然还要看现实情况，这就变成现象学考察，即通过考察各种实在的现象来了解那些设想的实践情况；根据我的经验，中国各领域基本都在按官方文件的设想发展。

中新社　对于西方业界，您强调在观察和研究中国时要“设身处地”和“感同身受”，摒弃意识形态和偏见的干扰，否则就会误判中国形势，您能否详细阐述？

胜雅律　我认为西方业界最根本的问题是不重视认识论。西方政治家、新闻记者或者智囊，都认为认识世界非常简单，只要睁开眼睛，看看统计，考察现场，采访一些人，最后把搜集的材料用西方各种各样的政治、经济、哲学、心理、历史等理论和经验加以分析，就可以得出“正确的认识”。其实，认识世界不是那么简单。

比如阿富汗战争，西方国家在阿富汗打了近20年的仗，结果全盘失败，他们战败不是因为武器不好、不愿花钱、害怕牺牲等等，最根本的原因是始终不了解阿富汗的国情，看不到认识论的重要性。

又比如西方媒体戴着有色眼镜观察和报道中国，陷入“西方自我中心”的死角，也是因为认识论出现问题，潜意识里把西方视作“当代文明的创造者”，将西方的科技优势代入人文领域，认为西方是民主、人权的“老师”，觉得自己非常“高明”，由此滋生傲慢和偏见，无视或者不愿承认中国的科技进步和发展变化。

我想介绍我提倡的认识论——“全顾学方法论”，它要求在分析、解决问题时必须“全顾一切方面”，从多种意识形态出发加以学习研究，因为不同意识形态对“问题一切方面”的看法并不一样，这意味着从多个意识形态看问题要优于从单一意识形态看问题。

因此我很高兴在北京大学学习马克思主义，它拓展了我认识世界的视野，完全符合“全顾学方法论”的要求；另一方面，依靠这一方法，我在研究中国法律之余，兼顾了中国文化的其他方面，“眼观六路、耳听八方”，研究中国三十六计就是我“兼收并蓄”的收获之一。

（记者　德永健）

王绍光：中国全过程人民民主何以丰富人类政治文明形态？

王绍光，华中科技大学国家治理研究院特聘研究员，香港中文大学荣休讲座教授。他于1982年获北京大学法学学士学位，1984年获美国康乃尔大学政治学硕士学位，1990年获美国康乃尔大学政治学博士学位。他曾在1972至1977年任教武汉市堤角中学，1990至2000年任教耶鲁大学政治系，1999至2017年任教香港中文大学政治与公共行政系，2017至2020年任教清华大学公共管理学院、苏世民书院。他已出版中英文专著与合著约40种，并在中英文刊物上发表数百篇文章，其研究兴趣包括有关民主的制度史与思想史、比较治理等。

王绍光

“人类政治文明不只有一种，而中国正是其中做得不错的一种，中国民主探索的国际意义在于，至少为世界提供了一种选项和思维方式，向世界证明，除‘选主’外还可以探索多种民主的实现方式。”

> 中国国务院新闻办公室发表的《中国的民主》白皮书中指出，中国基于本国国情发展全过程人民民主，既有着鲜明的中国特色，也体现了全人类对民主的共同追求；既推动了中国的发展与中华民族的复兴，也丰富了人类政治文明形态。
>
> 香港中文大学荣休讲座教授、华中科技大学国家治理研究院特聘研究员王绍光指出，中国主张包括民主在内的全人类共同价值，最大意义正在于让世界看到，没有哪一种政治制度可以垄断对民主的解释。

中新社 美国组织的所谓“民主峰会”在世界范围内引发争议，美《国会山报》也刊文质疑这一峰会本身并不民主。您怎么看西方的“民主传统”及其当代实践？

王绍光 古希腊被视为西方民主的发源地，雅典被奉为民主的典范。但事实是，在公元前4世纪的大部分时间里，雅典真正能参与决策的成年男性公民人数只占总人口的15%至20%。就是这样一种民主，从古希腊到20世纪初，也被西方精英们看作一个“坏东西”，很多西方学者著书直言“西方没有民主传统”。

西方强调的“公众参与”是形式民主的典型。这种民主的特点是决策者坐等民众参与，同时假设所有人都有同样的参与能力，都对政治有同等影响力。但西方学者的大量实证研究发现，这是一个没有依据的假设，政治参与是完全不平等的。

一个颇为讽刺的故事恰可道出西式民主的“真谛”：美国一农场主临死前问儿子：“猪抱怨饲料太差，牛抱怨活太重，鸡抱怨窝太脏，怎么办？”儿子说：“给猪喂好饲料，让牛干轻活，清理鸡窝。”农场主摇摇头说：“你啥都别做，给它们选票，让它们选择你或者你媳妇管它们，让它们以为这个家是它们作主。”

中新社　中央人大工作会议日前提出“不断发展全过程人民民主”。您曾用“四维一体”概括“全方位”的人民民主。“全过程”和“全方位”如何体现？

王绍光　这里我借用美国政治理论学者汉娜·皮特金提出的“代表的四个维度”概念。

从象征性代表来看，中国的人民民主在意识形态上强调“人民至上”“人民支撑”，民众和官员都将这种理念内化于心，民众更会用这个标准来检验官员，因此这种象征性带来很强的约束力。

从描绘性代表来看，中共9600多万党员中的绝大多数是普通劳动者，人民中间有哪些成分，中共就有哪些成分，因此中共是生活和工作在人民中间、同人民有血脉联系的，这种构成本身就能描绘性地代表整体人民利益。

从形式性代表来看，中国的人民代表大会制度确保了广泛的代表性。各级人大代表的主要来源是普通工人、农民、军人、技术工作者及一般管理人员，在全国各级人大代表中，普通工人、农民约占代表总数的2/3。西式民主理论强调形式性代表，但其代议民主理论的焦点不是“代表”（Representation），而是“代议士”（Representative），即经过一套形式性的程序产生的、被赋予“代表”职责的人。这些代议士绝大多数来自精英阶层。1789年至今，美国众议院席位已换14000多次，其构成却基本未发生变化，国会议员家庭净资产价值中位数是美国家庭净资产中位数的10余倍，称得上是“富翁治国”。

从实质性代表上看，中共的群众路线强调“从群众中来，到群众中去”，群众的智慧与建议因而得以融入各级政府的决策中去。

综上，西式代议民主是单维代表，只有形式性代表一个维度。中国的人民民主则是全方位代表，将象征性、描绘性、形式性和实质性代表聚为一体，形成“四维一体”的民主。它还强调“全链条、全方位、全覆盖”，是贯穿于国家政治生活各领域、各方面、各环节的民主，包括但不限于民主选举、民主协商、民主决策、民主管理、民主监督，不仅是政治民主，还包括经济和社会生活的民主。

中新社 中国国务院新闻办日前发表《中国的民主》白皮书指出，“好的民主一定是实现良政善治的，一定是推动国家发展的。”为什么说民主与国家治理紧密相关？

王绍光 简单从逻辑上讲，所有政治制度都是治国理政的方式，“民主”无论如何定义都与政治制度紧密相关，因而也同治国理政有关。而中国和西方思考政治问题的方式不同，西方是“政体思维”，中国是“政道思维”。

讨论政体意义上的民主与治理的关系时，西方先预设自己的政体是民主的，再强调只有同他们一样的政体才是民主的，这是一种简单的、霸道的、从形式上思考问题的方式。

“治理”的概念也是如此。20世纪90年代以后，西方国家及一些国际组织将其解释为一种非常特定的治理方式，即新自由主义主张的治理方式，并宣称新自由主义民主制度是“最不坏的治理方式”，将“治理”与“民主”画了等号。

但事实是，当熊彼特所主张的“最低限度的民主”都被“玩坏”后，一些西方国家在治理上也出现了大量问题，引发其国内民众的广泛不满。美国智库皮尤研究中心2021年10月公布的一项调查报告显示，绝大多数美国人对自己国家的政治制度深感失望。只有17%的人认为美国的“民主”值得效仿，而23%的人认为美国的“民主”从来不是什么好例子。

西方主流学者也开始反思，例如日裔美籍学者福山认为，把民主纳入治理的指标中是概念的混淆，建议将二者分开。可见，政体意义的民主，未必是治国理政最好的方式。

中国则从古至今都是一种“政道思维”，既是一种治国的理念及政治追求的最高目标，例如“以人民为中心”，也包括具体的治国方式，包括制度安排、方针、政策、措施、方法等。这种思维方式要求治理者不能邯郸学步，不能削足适履，不能故步自封，而要不断探索更好的方式来达到治国理政的最高政治追求。

中国的制度未必符合西方政体意义上的民主标准，但它更符合中国的实际。中国的民主是全过程、全方位、涉及全体人民的人民民主，虽然它也不一定能解决所有问题，但实践证明它能解决这个国家百姓所关心的大量现实问题。

中新社 同西方代议制民主相比，中国全过程人民民主对世界民主政治发展有何意义？

王绍光 以美国为代表的西方国家的民主，我称之为“选主”，而这究竟是不是民主，本身就是问题。

西方民主最显著的标准是竞争性选举，但从亚里士多德到孟德斯鸠都明确说过，选举不是民主，而是寡头政治（oligarchy）的特征。西式民主关注的只是整个政治过程中的“选主”阶段。我在耶鲁大学任教时的老同事、曾任美国政治学会会长的罗伯特·达尔将以多党竞争为特征的民主制度概括为多头政治（polyarchy），实际上也就是多几个政党竞争的寡头政治。达尔说，“我愿意把‘民主’这个词保留给这样一种制度，它可以持续地回应人民的需求。”用这个标准来衡量，中国的政治制度回应性非常高，西方不少学者的实地研究也得出这样的结论。

正因如此，中国民众对政府的信任度也非常高。过去30年间，西方学者就此不断修改问卷、调整调查方式，做了无数次调查，最终结论却基本一致。

中国民众对政府的信任度高于绝大多数西方国家，但中国从未向某些国家那样，傲慢地认为自己的制度是全世界最好的。人类政治文明不只有一种，而中国正是其中做得不错的一种，中国民主探索的国际意义在于，至少为世界提供了一种选项和思维方式，向世界证明，除“选主”外还可以探索多种民主的实现方式。

普适性最重要的是多样性。全人类共同价值是各个国家和民族都能接受的概念，而如何理解及实现的具体做法、制度安排则是多样的。中国主张包括民主在内的全人类共同价值，最大意义正在于让世界看到，没有哪一种政治制度可以垄断对民主的解释。从这个意义上讲，中国的全过程人民民主当之无愧地丰富了人类政治文明形态。

（记者　安英昭）

金刻羽：西方人眼中，中国经济为何总是“濒临崩溃”？

金刻羽博士是伦敦政治经济学院终身教授，从事国际经济学、技术竞争和中国经济的研究和教学工作。她拥有哈佛大学学士、硕士和博士学位，曾在耶鲁大学和加州大学伯克利分校任教，在国际顶级经济期刊《经济研究评论》的编辑委员会任职。

金刻羽

“中国完全有权利让本国百姓过上更好的日子，这是各国都应该同意且鼓励的事。遏制中国增长就剥夺了中国百姓的机会，如果从人权主义的角度出发，这也是说不通的。”

西方对中国经济的预判机制似乎总是处于“失灵”状态。20世纪90年代以来，唱衰中国经济的声音竞相出现，几乎每隔5到10年，各式各样的“中国崩溃论”就会卷土重来，期间还夹杂着“中国威胁论”的声音。有些学者甚至以此为生。

但改革开放40多年来，中国非但没有崩溃，反而综合国力与日俱增，消除了绝对贫困，倒是“中国崩溃论”屡屡崩溃。

为何中国崩溃论、威胁论在国际社会轮番出现？西方学者、媒体对中国经济的预判为何经常“失灵”？中国崛起究竟会给世界带来什么？伦敦政治经济学院教授金刻羽试图拨开迷雾。

中新社　在2021年中国公布第七次人口普查数据之前，有些美欧媒体开始宣称中国面临人口危机。这已不是西方社会第一次唱衰中国，“中国经济崩溃论”为何反复出现？

金刻羽　我不担心中国人口老龄化的问题。现在太多的重点都放在中国有多少老人，有多少年轻人，有多少劳动力。我们应该把重点放在效率上，因为一代一代的效率提升是非常快的。独生子女一代受到的教育水平、训练以及整体的环境，使得他们有能力来奉养老人。

为何“中国经济崩溃论”反复出现？

首先，中国的增长模式跟课本里的西方市场经济模型是不一样的。外界还没见过中国这样的增长速度和发展模式。一些西方人认为，如果不符合历史常规，那肯定是有问题的，甚至还把中国经济模式与苏联的联系起来。这些认知是错误的。

其次，他们对中国增长模式的了解大多停留在表面。只知道政府跟市场都起作用，而且以政府作用为主。西方主流媒体认为，只要有政府参与，除非是提供公共设施，（不然）肯定就会有问题，或者效率很低，或者出现大量资产错配，然后引发金融系统风险。

但他们极少了解中国经济中更细微的机制、系统、结构，以及其中各参与者之间的关系。

近几年，不少国外专家觉得国际金融体系最大的风险来源地就是中国。比如达沃斯论坛上，中国金融系统的问题和风险屡被提及。尽管中国快速发展积累的债务很高，但他们没想到，中国通过政策调节，慢慢就把金融风险大大地化解了。

中国政府有非常强大的力量和资源，能够出台一系列政策控制金融风险。而其他西方国家包括美国，政府没有那么大的力量。他们有金融风险意识，但真正能做到的防范化解措施远少于中国。

中新社 中国的经济体制、增长模式不同于西方国家的地方在哪？

金刻羽 在中国，政府与市场的关系是与众不同的。政府的资源、力量和动员能力都是其他国家没见过的。

国家市场监管总局发布的数据显示，2019年中国新设市场主体2179万户。西方学者大多困惑这么短时间内为何出现这么多新企业。其实，政府起到了很重要的作用，尤其地方政府。地方政府愿意扶持一些效率比较高的私营企业，这是让持主流观点的经济学家很难理解的。

中国的这套系统中，政治跟经济是紧密地联系在一起的。政府有一系列的考核目标，要推动发展、要吸引投资、要保护环境、要创新，他们更愿意挑选有能力、有潜力的企业。

再看国有企业和私营企业的关系。中国的国企和私企的关系是非常紧密的，一些国有企业直接或间接地成为私营企业的股东。数据证实，在国有企业周围、跟国有企业联系最紧密的部分私营企业是增长最快、效率最高的。

国企和私企的这种密切的网络连接是只有中国才有的。有人觉得如果有大量的国有资本参与进来，效率肯定很低，但实际上并不是。国企和私企资源互补，私营企业有很好的企业文化、产品创新等，国有企业有融资等优势，就像一个阴阳图一样，有黑有白，两者共存，这也是西方所不能理解的。

中国政府和市场的关系很复杂，但又有很清晰的经济逻辑和经济关系。西方学者大多对此认知比较肤浅。

中新社　如果以西方的系统和标准来衡量中国会犯什么错误？

金刻羽　西方看中国的经济是很不准的。他们以自己的标准、系统和模型来衡量中国。他们认为，中国储蓄率太高，投资率太高，经济结构偏于出口和工业等。

但如果只是片段地从某些宏观数据观察中国，就不能理解中国经济的增长模式。中国的投资率虽然比其他许多国家都高，但是中国正在实施城镇化，需要大量投资，包括新老基建等方面。所以什么叫过高？中国的情况跟日本、美国是不同的。

储蓄率也一样。在国外看来，储蓄率高就意味着消费弱，所以一定要降低储蓄率，才能刺激经济。中国储蓄率的确高，但有它的优势。中国较高的储蓄率避免了很多发展中国家踏入的一个“圈套”，那就是需要从国外借大量的钱，才能实现发展。而外债最终成为许多发展中国家经济、金融危机的导火索。另一个误解在于，中国的储蓄率那么高，投资也那么高，经济增长完全是靠资本积累推动的。在投资空间缩小后，经济增长肯定要放慢，甚至走向低迷。

其实，过去几十年，改革带来的效率提高是中国经济增长的主要推动力，而非投资。1990年至2007年间，中国经济增长50%以上来源于效率提升，所以不能说是中国只是靠投资、靠储蓄，也不能说是只靠出口拉动经济增长。

中新社　近年来，我们听到“中国崩溃论”减少了，但是“中国威胁论”在增加，这是为什么？

金刻羽　中国如今真的是一个非常有实力的国家，也是近百年来，第一次有如此人口规模的发展中国家成为世界第二大经济体，而且中国的文化又与西方非常不一样。

中国的影响力不仅表现在经济体量巨大，而且中国的科技、创新效率、居民的人均收入确实在一步步提升，所谓的“威胁论”可能源自于中国真的强大了。

二战以后，美国充当了世界“老大”的角色，进行所谓的民主观念的输出和美国模式的输出。他们认为全世界都应像美国那样，往一条路去走。

但中国很不一样，中西方的政治体系、价值观、文化、经济发展模式等都很不同。

同时，外界对中国没有那么了解，不知道中国的目标是什么。所以，很多“威胁论”来自于不同和不了解，很容易带来恐惧甚至妖魔化。

此外，“中国威胁论”也是某些国家国内政治的需要。

以美国为例，美国国内有各种问题，比如：精英跟普通百姓的距离越来越大，这在特朗普时代成为一个尖锐问题。还有种族问题、极端的自由主义带来的人权问题等，使得美国国内加速分裂。美国需要有一个来自外部的挑战，以凝聚国内的力量，所以鼓吹“中国威胁论”也是其政治诉求。

中国完全有权利让本国百姓过上更好的日子，这是各国都应该同意且鼓励的事。遏制中国增长就剥夺了中国百姓的机会，如果从人权主义的角度出发，这也是说不通的。

中新社　中国崛起对世界意味着什么？

金刻羽　从经济上看，中国的崛起对世界有很多好处。

当今是一个网络时代，也是个多赢时代。网络时代的领军者跟上一个阶段“中心国家”的意义完全不同。网络时代的“中心国家”不是要去遏制其他的参与者，而是要鼓励、帮助甚至扶持其他的参与者。“中心国家”要保护网络，要保护国际化，要保护整个经济体系，让大家能够共赢。

中国的作用可能主要发挥在三个方面：

其一，中国可以充当全球金融稳定之“锚”。在全球发生经济危机或金融危机时，中国可以作为一个基石，跟美国与其他重要经济体一同来稳定全球的金融市场和全球产业链。

其二，中国资产市场给诸多投资者一个分散风险的机会。相对来说，中国的股市、债券市场等资本市场与发达国家资本市场的关联度要小很多。而国际投资者持有中国资产的比例还很小，他们提高持有中国资产的比例，能很大程度上分散风险。

其三，中国能提供大量的、很好的贸易机会。这10年来，中国给全球增长所作的贡献几乎保持在三分之一左右。

贸易虽然是多赢的，但是有一部分人会受到负面影响。这时候应该由政府来主导出台一些方案，帮助弱势群体重新就业，但这是美国政府没有做到的。

所以，当中国的商品来到美国市场，一些劳动力市场的弱势群体失去自己的工作，甚至没有机会重返劳动力市场。这时候是该怪中国的商品，还是该怪美国政府没有更好地帮助这些人？几十年来，美国的教育程度整体是下降的。美国应该更好地解决国内问题。

中新社 很多人担心美联储一旦缩表，会重演2013年的“缩减恐慌”，引发发展中国家经济危机。这样的局面能否改变？中国能发挥多大的作用？

金刻羽 美联储现在面临两大挑战：

一是如何权衡国内目标和国际影响。

目前美联储在全球金融系统中充当“基石”。美联储每一次利率变动，包括量化宽松等对全球影响巨大。但它在选择这些方案时，并没有考虑到全球，而是优先美国自身需要，不理会政策溢出。

但溢出非常大。很多人都能感觉到美联储降息时，全球信贷泛滥，很多国家尤其发展中国家不该有的泡沫都出现了；缩表的时候，发展中国家也受负面影响，甚至爆发金融危机。这是全球化的表现，也是全球化没能解决的问题。

作为一个核心国家，如何权衡国内目标和国际影响？美国没能做好这样的平衡。有人说，需要第二个国家比如说中国的央行发挥作用，共同稳定市场。两个央行之间需要一定的沟通和对话，一起来控制局面。

二是近些年美国经济体量在全球占比减小，美国所能提供的安全资产以及流动性高的资产，难以满足全球需求。

这时候也需要其他国家或经济体，来补充美国的漏洞，尤其是在支持新兴经济体方面。2009年以后，中国就起到了这样的作用：在新兴市场发展中国家的金融危机中，中国提供了流动性。

很多国家都很反对美国将美元当成一个政治武器，来达到自己的政治目标。这时候会有很多人支持一个新的国际货币诞生。欧元是做不到的。欧洲有经济稳定问题，还没有能够真正成为一个大的统一市场，虽然欧洲债券市场体量很大，但因为每个国家的主权问题，实际上还仍是分离的。

这是中国的机会。不过，现阶段中国还不一定能够做到，中国的金融体系还需要较长一段时间才能真正完善。货币是需要信任的。一个国际货币背后虽有硬实力，也就是它的经济实力和整体稳定性，但也有软实力，包括人们对一国体系的信任程度，这也是中国需要做更多工作的地方。

（记者　庞无忌）

柯文思：能用“柴米油盐”讲述中国故事吗？

柯文思（Malcolm Clarke）生于英国，现居上海。从事纪录片和剧情片创作40余年，拍摄足迹遍布全世界80多个国家，作品多次获得国际电影节大奖，获得4次奥斯卡提名，拿到过2次奥斯卡奖、16次艾美奖。曾拍摄中美民间交往纪录片《善良的天使》。

柯文思

“我并非意图制作一部关于中国人有多好的电影。我们不是在做宣传，而是试图告诉大家中国已经走了多远，以及中国如何在如此短时间内为这么多人创造了机会。我认为这是值得关注和钦佩的，西方人应该理解这里发生的事。”

坚守和弘扬全人类共同价值，带领14亿人摆脱贫困走进全面小康社会的中国，却屡屡遭遇西方世界的不实指责，只是因为地缘政治还是另有原因？“中国不擅长自卫”，柯文思如是说，且西方国家的扶贫项目并未解决过中国这种规模的问题。

曾4次获得奥斯卡提名，拿到过2座奥斯卡小金人的英国知名导演柯文思表示，区别于宏伟叙事，他把镜头对准出身于中国底层社会的平凡人物，向西方观众解释真实的中国，也道出中国不被西方理解甚至被误解的原因所在。柴米油盐之上，讲述与西方观众共情的中国故事。

中新社　您的最新影片《柴米油盐之上》，讲述了中国普通民众生活的变化。每一个故事都展示了普通人如何为他们的生活付出巨大努力。您是如何选择这4个有代表性的地方和人物来讲述中国的小康故事？

柯文思　《柴米油盐之上》是我向西方观众解读中国的一种方式。我很高兴它在中国上映，但这个作品真正的目的在于，说服西方人认真看待中国并理解正在中国发生的事情。

我们尝试制作一系列展示中国不同地域的电影，于是从云南乡村出发，一路来到义乌和上海，让人们感受从极度贫困群体到中等收入群体的生活。

我们从云南那些非常贫穷的人开始讲述。他们不得不做出一些艰难的决定，比如是否要离开他们所熟悉的一切，去寻找不确定的未来，只为了获得更好的生活环境。我们关注的是他们所讨论的那些困难的决定。

之后我们又找到一位杰出的年轻女性。她来自农村，没有受过多少教育，但现在开着一辆大型的越野卡车，赚了不少钱。她相信“女人能顶半边天”。她想要像男人一样有责任感，自由，自信，成功。她非常令人钦佩，我认为她是许多中国年轻女性的榜样。

第三集是关于一个梦想成真的人，他开始很穷，不得不离开他的村庄，离开他的家庭，告别他的童年，努力工作，但现在他已经是上海马戏团一名世界级的杂技演员。现在他开着一辆豪车，家庭美满，孩子上了好学校。他实现了中国梦，这是他努力的结果。他的努力和韧性是真正让人欣赏的。新中国给了人民很多机会。

第四集有点不同，是关于那些在某种程度上实现了中国梦的人。他们出身贫穷，但在过去20年里通过努力工作积累了资源和财富。他们用这些钱回馈小时候生长的地方。这是非常感人的故事，讲述的是人们不忘记自己来自哪里，并为他们的后辈及其他乡亲的生活作出贡献。

这些都是关于遭受了很多苦难的人的故事，现在他们正实现自己的价值。当他们有梦想的自由，为了更美好的未来而奋斗，那他们所做的事情就是正确的。我们都该为中国正在发生的事鼓掌。

中新社　您是否担心拍摄这些中国故事，会被西方社会认为是在为中国“做宣传”。西方社会是否有贫困存在，他们是如何消除贫困的？

柯文思　我并非意图制作一部关于中国人有多好的电影。我们不是在做宣传，而是试图告诉大家中国已经走了多远，以及中国如何在如此短时间内为这么多人创造了机会。我认为这是值得关注和钦佩的，西方人应该理解这里发生的事。

有时西方以各种各样的理由攻击中国，在我看来那些理由都是不成立的。我必须说，中国不擅长自卫。软实力不是指政治上的软实力，而是指让普通人相信中国不是一个邪恶的帝国——中国当然不是。

这些影片的目的就是为了展示中国和中国人的人性化面孔，也展现了贫困地区确实是贫困得可怕。中国政府正在做一些积极的事，并取得了非凡的成绩。

每个西方国家都有扶贫项目，但效果不是很好。他们没有解决过中国这种规模庞大的贫困问题。在西欧和美国，贫困虽然存在，但并没有达到中国的程度。

生活在云南偏远地区的一些人就像生活在18世纪的西欧，虽然拍下来很美，但亲身经历后会觉得他们的生活非常糟糕。我不喜欢看到人们遭受那些痛苦，中国政府也不希望看到，实际上他们已经做了一些非常有效的工作来改变现状。这不仅仅是为了给人们更好的生活环境，不是把钱放在口袋里或把食物放在桌子上那么简单，而是更大的改变——给他们良好的教育和机会。

所以最后我们将影片的英文名定为“A Long and Cherished Dream”（一个长久的珍贵的梦想）。你可能想成为一名探险家、老师、奥运冠军或从事任何其他职业，但如果生活在那种贫困中，你唯一想的就是如何填饱肚子，让你的孩子活下去。“小康”倡议所做的事比这要深刻得多，它让人们能够有梦想去实现，成为他们想成为的人，过他们想过的生活。

中新社　您为什么一开始就想拍摄这样一部影片？

柯文思　《柴米油盐之上》是我一直想拍摄的影片，让我着迷的是对一个人敞开心扉，深入了解他们的真实面目。我对表面的、即时的东西不感兴趣，因为那从来都不是真正的他们。拍摄就像医生诊断疾病一样，如果你足够诚实，他们会信任你，甚至告诉你他们不会告诉家人、朋友的事情。

这在中国比较困难。我不会说普通话，这是一个很大的劣势，但我有一个很棒的团队，理解我们做事的理念以及应该如何做。我们研究了上百个不同的故事、不同的人，最终找到这四个故事。我是英国人，所以让他们看到我对他们的尊重非常重要。从某种意义上说，西方人的身份是一种有趣的优势，因为我可以问一些中国人不会问的问题，也可以问非常深入的问题。我希望人们相信我，因为我会尊重他们。在电影中，他们的故事会以真实和尊重的方式呈现。

所以在这四个故事中，观众可以看到人们谈论生活中非常私密的经历，这是他们平时很少谈论和分享的事情，但他们会和我分享，因为他们信任我。这是我们必须做的，如果我们能建立信任，就可以拍一部好影片。

中新社　您一直很关注中国。您拍摄的纪录片《善良的天使》聚焦中美民间交往，通过普通人的视角讲述合作为两国民众带来的福祉。2020年全球新冠疫情发生时，您也亲自到武汉拍摄。您为何一直如此关注中国的发展和变化？

柯文思 我一直在说，我之所以来到这里，是因为我认为中国这个国家的伟大复兴是21世纪最大的新闻故事。这是一个历史性的事件，它不会在第100年停止，而会继续走下去。这是一个值得世界感谢的民族和文明。几个世纪以来，中国为科学和技术的发展作出了巨大贡献，但中国所取得的成就并没有得到赞誉。这有很多原因，我们不需要在这里讨论地缘政治。但我认为，中国是受害者，而且受到了不公平的评判。当你来到中国，你就会看到中国的成就。

“小康”的倡议只是中国正在建造的这面“非凡之墙”上再添的一块砖。这里有14亿个故事可以讲述。中国正在书写历史，能参与其中是令人兴奋的，所以我想记录下来。

中新社 如今越来越多的人想更多地了解中国。作为一名纪录片导演，您认为世界观众如何才能真正接受真实的中国或对中国产生兴趣？

柯文思 这个答案非常简单。中国谈论自己时倾向于用统计术语，但很少谈论中国人，比如数百万人摆脱贫困、数百万人获得教育，创造非凡的技术成就，并在全国范围内创造比其他任何国家都多的铁路公里数等数据。中国总会画一张快乐的笑脸，但很少有3D立体人像，而这就是我们所做的。我们尝试展示人们生活里的酸甜苦辣——比如这周我花光了所有的钱，不得不等待下一次薪水；比如我女儿正在和一个尚未取得我信任的男人谈恋爱，她却不这么认为——这表明我们虽然生活在不同的社会和政治制度中，但都有着相同的经历。

你越能证明中国人就像美国人、法国人、印尼人和巴西人一样，无论富有还是贫穷，都会有焦虑，都希望自己的孩子过上更好的生活，就越能引起人们对相似之处的关注。

如果你看到人们为生活奋斗，也看到人们犯错误，做出让自己后悔的决定，这就有了一种经验和目的的共性，西方人可以说“他们（中国人）就像我们一样”。

西方人能在电影、电视和图像中看到（中国）。我们只是提供一个舞台，把中国人的生活放到舞台上，然后说“好的，现在告诉我们（你的故事），我们在听，我们尊重你说的话”。这会非常有力量。

中新社 您会继续展示中国故事吗？您的下一个拍摄计划是什么？

柯文思 虽然我不是中国人，但我喜欢这里。后面我想拍摄一部关于李约瑟（Joseph Needham）的电影，他是剑桥大学的一位教授。机缘巧合下，他通过中国女友介绍并来到中国，开始研究他所在领域的一些中国科学发明，慢慢对中国产生兴趣。中国的发明成果成为他毕生的研究课题，为此他专门记录了中国在科学技术上对世界文明的贡献。

李约瑟让西方意识到，很多西方认为是自己发明的东西，其实是中国人发明的。他是一个了不起的人，非常古怪、有趣。90多岁的李约瑟于1995年去世，我想通过这个热爱中国的西方人的眼睛和经历来讲述整个中国20世纪的历史。

我希望成为一个榜样，鼓励更多中国艺术家和电影制作人多关注自己的文化、自己的国家，多看看自己国家的价值。中国是一个有5000年历史的非凡国度，他们应该从中汲取灵感，讲好中国故事，用中国方式与世界对话。

（记者 罗海兵）

大卫·弗格森：如何向西方准确传递中国政治话语？

大卫·弗格森（David W. Ferguson），中国外文局外文出版社荣誉英文主编，英国籍资深专家，《习近平谈治国理政》第一、二、三、四卷等领导人著作，《中国共产党尊重和保障人权的伟大实践》《人类减贫的中国实践》《抗击新冠肺炎疫情的中国行动》《中国的全面小康》《中国的民主》等政府白皮书，以及《中国共产党的历史使命与行动价值》等重点图书英文版翻译改稿人，荣获中国政府友谊奖、中华图书特殊贡献奖。

大卫·弗格森

“相较于其他翻译工作，政治话语翻译更需要体现创造力，因为政治话语本就更艰涩难懂，因此译者们应当学习如何解析政治话语中传递的信息，而不仅仅是翻译文本本身……”

将“加强党的建设”直译为“party building”，是否会让外国人误认为中国在推介“派对场地”？西方掌控国际话语权的大环境下，如何展现中国的真实面貌、国家精神，将中国声音准确、有效地传递给外国受众？应对西方媒体的污名化，采取哪些做法是有效的？

中国外文局外文出版社资深英文编审大卫·弗格森结合其十余年来从事中国政治话语英译审校工作和对外传播工作的亲身经历，对上述问题作出解答。

中新社 随着中国国际影响力的提升，西方国家对中国事务的关注度越来越高，但这一过程中也伴随着曲解、误解。为何中国的相关信息时常遭到误解？

大卫·弗格森 将西方的行为称作“误解”是不对的。

误解能通过提供事实和解释得到解决。中国正身处西方媒体和政客有意展开的一场歪曲和污名化的运动当中，其目的就是敌对中国。这场运动源起于美国政客和媒体的鼓动。尽管从历史角度来看，美国坐拥全球领先地位的时间相对较短，但面对中国的快速发展，美国的反应就是要采取迅猛攻击，摧毁它所认为的“中国威胁”，而不是寻求和解与合作。其他西方国家则是跟在美国之后。在涉华议题上，部分西方媒体并未呈现真实的情况。

中国需要认识到，想要解决这一问题，给出更好的解释是无用的。操控这场运动的美国等西方国家不想要中国展现出真实模样，并且他们能够封锁以及歪曲中方的信息，因为国际话语权就掌握在他们手中。

中新社 如您所言，部分西方媒体经常会对中国政治话语进行“误译、乱译、恶译”。在应对这种刻意对华曲解时，采取哪些做法是有效的？

大卫·弗格森 在明白西方媒体正在国际舞台上开展行动，故意歪曲和污名化中国这一事实后，我认为应对这一局面的最好办法就是增加对非正式话语，也就是对软实力的建构，直接与英语受众沟通。

比如，中国可以通过电影同西方民众直接沟通，电影能更容易直达受众，较少地遭受政客和媒体的歪曲。中国能拍出主题非常宏大的电影，献礼新中国成立70周年的《我和我的祖国》就是一个很好的例子。中国应继续将官方发声作为其正式话语，同时也应推广非正式话语，从情感的层面让西方民众获得共鸣。

中新社 面对对中国不甚了解的外国受众，怎样让他们更好地理解中国的政治话语？将中国政策及相关概念传播出去的难点在哪？

大卫·弗格森 跨语言的政治话语翻译传播，最重要的是传递信息，而不只是翻译文本。

比如，中国政治话语中常出现“科学”这个词，它一般被直译成“science”（英文中“科学”的名词）或是“scientific”（英文中“科学”的形容词）。但在英文中，“science”这个词是指自然科学，中国政治话语中的“科学”显然不是这个意思。对“科学发展观”的翻译就很值得探讨。“科学发展观”是中国发展战略中的一个重大调整，是从单纯的经济发展转型到一个将经济、社会、环境等因素综合考虑的协同发展战略，但若译作“the Scientific Outlook on Development”就难以精准表达这一战略的真正含义，外国人听了会觉得这是一项技术项目，是关于物理化学的。这就使得中国失去了将一项重大战略调整真实准确传达给世界的机会。

中国的很多政治话语是概念化的、抽象的，因此需要译者对其进行解构，将概念之下的具象含义传达给外国受众。其中一个很好的例子就是对“习近平新时代中国特色社会主义思想”的翻译——Xi Jinping Thought on Socialism with Chinese Characteristics for a New Era. 这一思想是由一系列发展观与政策组成的、长期存在并不断发展的重要思想，翻译时必须用词准确，以传达出其深远意义。

Socialism with Chinese Characteristics是“中国特色社会主义”的官方固定译文，但对“新时代”一词，最初的译文是“in the new era”，不过这一译法可能会让外国人误解为“新时代”是由外部力量施加给中国的，中国是在对此做出反应。最终经过谨慎斟酌，大家一致同意将“新时代”译为“for a new era”：通过将介词替换为for，以及将定冠词the替换为不定冠词a，就能够准确传递出中国是在引领和主导“新时代”，这才是与原文相一致的内涵。

相反地，将“加强党的建设”翻译成“party building”（party取“政党”义，building取“建设”义）就非常糟糕。“加强党的建设”是中国政治话语中常提到的，但如果把“party building”说给不了解中国政治话语的西方受众，他们第一反应是你在推介一个能带孩子去开生日派对的场地（因为party常用义为“派对”，building常用义为“建筑”）。综上所述，“加强党的建设”最好被翻译成“strengthen the party”。

中新社 对外传播中国政治话语时，如何让中国的话语体系转变为国际化语言？中国政策及相关概念在外译过程中一般会出现哪些理解上的偏差？如何避免这种偏差？

大卫·弗格森 英语就是国际化语言，因此中国需要让其话语通过英语得到理解。80年前毛泽东在延安整风期间曾发表《反对党八股》，文章中毛泽东对中共的一些写作风格进行了批判。

2005年，时任浙江省委书记的习近平也曾在“之江新语”专栏发表系列短论，其中也提到好的文风应该是开门见山、直截了当、讲完即止，用尽可能少的篇幅，把问题说清、说深、说透，表达出丰富而深刻的思想内容。

中国政治话语的对外传播需采纳这些忠告。如“两个坚持”“三个代表”“四个自信”，翻译成英文就是the Two Upholds，the Three Represents，the Four Confidences，这都让外国民众摸不着头脑，也更无从知晓其重要性和深刻内涵。

我们必须认识到这一理解壁垒的存在，不要再把英文与中文原文保持一致作为重点，而是要将重点放在用英文译文传达出外国民众能够理解的信息上。最好的办法就是不断提醒自己“说英语的人会如何表达这个意思”，而不是纠结于“我们应该如何把中文原文翻译出来”。

中新社 如果说翻译的过程也是一种跨文化交流过程，是否能够通过中国政治话语外译，在一定程度上纠正西方对华偏见？

大卫·弗格森　在我看来，这些都源自文化差别，无关翻译，但我认为译者们需要在传递中国政治话语时担当更加积极的角色。

相较于其他翻译工作，政治话语翻译更需要体现创造力，因为政治话语本就更艰涩难懂，因此译者们应当学习如何解析政治话语中传递的信息，而不仅仅是翻译文本本身，甚至还要能进行一些创造性的改写。这是在西方媒体歪曲和污名化中国的大环境下，纠正西方公众对华偏见的一种方式。

（记者　陈婧涵）

龙安志：中国文化价值观之我见

龙安志（Laurence Brahm），美国作家、政治经济学家、全球化智库（CCG）高级研究员。龙安志在华生活工作40年，创作出版《大开放：美国人亲历中国改革开放40年》《中国的世纪》等30多部作品，由他导演的多部纪录片屡获国际殊荣。龙安志为2019年度中国政府友谊奖、第十五届中华图书特殊贡献奖获得者。他用中西文化比较的视角，阐释中国改革开放的重大变革，描述中国社会发生的翻天覆地的变化，为世界各国思考、探索和平衡未来全球治理新模式提供了宝贵范例。

龙安志

“如果美国国会议员每天早上都练习太极，可能世界上的许多问题都可以避免。”

“当时海外媒体报道的总是十年前的中国，（20世纪）80年代时他们在报道60年代，90年代时还在报道七八十年代。”美国作家龙安志回忆起40年前初到中国的感受时说，当时的中国与他此前了解的并不一样，那时就决定要努力把亲眼所见的中国记录下来。40年来，龙安志的“中国故事”涉猎很广，他到过很多地方，采访过很多人。在他看来，外国人写中国，终究要回到写这样一群人，写他们的制度、他们的生活以及他们的文化。

龙安志感慨于中国40多年来的发展变迁，表示希望通过自己创作的“寻找中国”系列作品，将中国历史中沉淀的优秀传统文化传递给更多西方读者，打破文化藩篱，实现更好沟通。

中新社 您认为东西方文化本质差异是什么？

龙安志 东西方的价值观差异很大程度上是由思维方式不同引起的。西方的思维方式建立在二元对立基础上，亚洲哲学则寻求非二元性。

西方社会中，都是关于对立、两极分化、排斥、驱逐和冲突的意识形态。在西方思想中，只有黑与白、对与错、好与坏、人与自然、他们与我们，等等。这种二元性或者双重性渗透到政治、经济、社会生活很多方面。

亚洲哲学寻求和谐、平衡和集体意识，并且深刻认识到人类不能战胜自然，只是作为自然世界的一部分存在。我们看到，在汉语文化中，有“阴”“阳”的概念。在东南亚、南亚一些国家，也都有这对概念。《三十六计》说“阴在阳之内，不在阳之对”。这些都试图解释事物间并非二元对立，而是作为一个统一体，相互联系、互动和协同。强调不要单方面判断和拒绝，要拥护和发展多边关系，寻求共识。

这些古老的亚洲哲学思想相互借鉴、融合，被古代陆上和海上丝绸之路连接在一起，不仅为贸易服务，也提供了思想交流的机会。然而，在现代社会，人们逐渐失去与哲学和价值观的联系，这些哲学和价值观在许多方面都比我们的现代成就更深奥复杂。现在，是时候找到我们的根源，让这些传统回归，因为它们可以指明未来的道路。

中新社 您认为如何了解中国的文化价值观？

龙安志 在我早期创作的《寻找香格里拉》等作品中，我穿越了中国西部偏远地区，寻找中国尊重自然、人与人之间相互尊重、与自然和谐相处的核心文化价值观。在快速发展的时代，我在大城市里感受不到传统的东西，所以我去了农村地区、少数民族地区，寻找这些纯粹形式的价值。

今天，我看到中国文化和传统价值观的复兴，尤其在许多年轻人身上。就像如果根很深，那么任何风暴都不能吹倒一棵树。但如果树根很浅，这棵树在暴风雨中就很脆弱。同样，源远流长、传统的价值观在一个民族和国家的恢复能力方面也起着非常重要的作用。

要了解中国的文化价值观，就要看看中国文化几千年来的核心支柱。道家要求适应突发变化和自然之力；佛教思维意味着要同时看到过去、现在和未来，任何事物的实质取决于看待它的角度，从而将消极变为积极；儒家思想赋予了中国人应对任何情况和危机的组织能力，能够充分利用组织的宽度和广度来应对所有情况和危机。这是所有中国人“集体潜意识”中始终存在的三个方面，也是西方国家的人所不具有的。

中新社 您认为中国的发展变化如何应对挑战和机遇？

龙安志 我在中国生活的40多年中，中国为克服挑战进行了许多改革，制定了很多政策，我都进行观察并参与其中。面对危机或挑战，中国人民始终如一地团结合作，政府精心协调相关政策。经验一次次证明，中国领导人能以清晰理性的头脑应对危机。人民与政府协同合作、共克难关，似乎已深植于双方潜意识。

中文的“危机”一词包含两个汉字：“危”代表“危险”，“机”代表“机会”。中国历史上，这个国家和人民对每次危机和挑战都做出了回应。他们团结一心、共同应对，战胜了“危”。更重要的是，他们每次都转“危”为“机”，实现重建、增长和进一步发展。

过去40年，中国面对消除贫困、促进教育和发展经济的艰巨挑战，取得空前成就。到今天，中国已完全消除绝对贫困，成为经济增长与国家发展的典范。中国通过生态文明建设来应对污染和气候危机，已成为可再生能源和绿色金融的全球领导者。中国还重视智能化基础设施，借此实现商业互联互通，作为“一带一路”倡议的核心，已将许多发展中国家聚集在一个人类命运共同体中。

此外，还要特别提及政府快速应对危机的能力。1949年，中华人民共和国成立后，其组织机构从基层延续到政府核心。这种政府组织体系强大而有韧性，它建立在中国人民的共同特征上，这些特征已成为其文化和应对危机的固有组成部分。这些文化因素使中国人民面对危机时具有韧性和反应能力，将每次危机转化为新机遇，此次新冠疫情也是如此。危机过后就是重建，中国将在各个层面进入医疗卫生改革、社区保健服务、技术研究发展的新时代。

中新社　您创作的“寻找中国”系列作品记录了许多中国故事，在您看来，中美该怎样实现文明交流互鉴？

龙安志　中美关系似乎有一个古老的“公式”。1972年，“乒乓外交”开启了尼克松总统访华的大门，并为中美建交绘制了蓝图。在当时世界环境相当复杂的情况下，这是相当简单和直接的——一支美国乒乓运动队来了，同中国的乒乓球队比赛。一场关于体育的谈话开始了，随后是更多善意的交流。

当今形势复杂多变，也许我们需要一种新形式的“乒乓外交”。毫无疑问，文化和体育可以成为人与人之间的交流基础。比如每个人都喜欢李小龙或成龙的电影。综合格斗现在在美国非常流行，许多真正伟大拳击手的成长经历都与中国传统武术有关。众所周知，综合格斗的概念始于李小龙，他选择并结合了不同武术传统，其在电影《龙争虎斗》中著名的打斗场景为综合格斗奠定了基础。

世界各地的人学习功夫，不是为了打架，而是为了感受中国文化精神。在许多弱势群体和少数群体的心目中，功夫是正义和反抗不公的象征，蕴含了中国传统文化中的价值观。

最近，我有幸担任《寻找功夫》纪录片的导演。这部电影探索了武术的起源，把我和电影团队带回到少林寺传说开始的地方。通过考察中国武术传统遗产，我们认识到，武术不在于战斗而在于奋斗，武术中有一些内在的重要价值观，包括坚韧、忠诚、尊重、与自然和谐共处、平衡、中道、务实、顺势而为和非暴力。重要的是，我认为武术不应被翻译成“武术”。“武”字由两部分组成，“止”（意为“停止”）和“戈”（意为“武器”），因此，“武术”应被准确地翻译为“非暴力艺术”。

一切的核心是非暴力。发生冲突是不值得的，因为无人会从中受益。因此，如果美国真的坚持马丁·路德·金曾经主张的非暴力主义，那么关于功夫，中美之间应有很多东西可谈，可以以此为基础开始积极的对话。如果美国国会议员每天早上都练习太极，可能世界上的许多问题都可以避免。一名武术家，既要接受打斗技巧的训练，又要接受文化方面的心理管理和情绪控制训练，他是最后一个参与战斗的人，也是第一个避免战斗的人。

功夫体现出的文化价值应该被当作一种“共同价值”。希望这种精神能够为中美之间的对话提供帮助。今天比以往任何时候都更需要忠诚和尊重。不同国家和政党之间需要学会相互尊重，而不是在每个问题上都盲目对抗。防止误入歧途，陷入难以驾驭的极端，不仅适用于个人信念，同样适用于政治姿态。

（记者　吴旭）

马克·力文：为什么说西方人理解中国需要“眼见为实”？

马克·力文（Mark Levine），美国乡村音乐人、社会学家、作家、教授。现为中央民族大学美籍教师，欧美亚教育联盟特约教授，中国国际人才交流基金会评审专家，教授英语演讲和辩论类课程，著有《我的中国故事》《灵思泉涌——即兴演讲篇》。他用美国乡村音乐讲述中国故事，迄今创作中国主题歌曲70余首，在传播中华文化、促进中西文化交流方面作出杰出贡献，先后获“淮安市荣誉市民”称号、北京市“长城友谊奖”，并于2014年荣获中国政府友谊奖，表彰其作为外国专家在中国现代化建设和改革开放事业中的突出贡献。

马克·力文

“我认识许多外国人，来中国之前对中国抱有错误认识，来中国之后和中国人交流、共事，日渐理解并尊敬中国。”

在中国，有来自不同国家的一个群体，他们最终选择在中国工作生活，用独特视角讲述中国故事。美国人马克·力文就是其中一位，他是大学教师，同时也是乡村音乐人、作家和社会学家。来华近20年，马克·力文的足迹遍布中国29个省（区、市），坚持用美国乡村音乐讲述中国的风土人情和社会变迁，迄今已创作歌曲70多首，希望通过音乐把真实的中国呈现给世界。马克·力文从一个在华多年的美国人视角，探讨东西方在思想文化上的差异以及交流互鉴中存在的障碍。

中新社 自2005年至今，您已在中国度过近20年的时光，您感受到中国发生了哪些显著变化？您如何想到用音乐来讲述中国故事？

马克·力文 我来中国的第一站是江苏省淮安市，因为那里是周恩来总理的故乡。在淮安的某一天，我怀着愉悦的心情写下了来到中国后的第一首歌《淮安的未来充满希望》——因为我感觉到那里有着光明的未来。

正是在中国激发了灵感，我开始创作原创歌曲。我喜欢弹着吉他，走在中国的大街上，灵感来了，就随时记录下来。有一首记录漓江泛舟的歌曲，就是我在旅途中记录所得。后来，我又开始根据特定主题创作。我认为，相较于写作，音乐是一种更加快速的沟通表达方式。

谈到中国这些年的变化，大家会说到微信、高铁等，但我认为还有更重要的。我刚到中国时，一些学生会对国家、个人的发展信心不足，会感慨为什么手机背后只是“中国制造”而不是“中国设计”。现在这种情况不会发生了，学生们为国家所取得的成就和未来规划深感自豪，而这种自豪感也会内化于心，形成动力，从而影响个人行为。

中新社 您认为东西方民众在思维方式上有哪些异同，双方是否可以达成互相理解？

马克·力文 我最近写了一首中国应对新冠疫情的歌曲，此前也创作过关于中国应对汶川地震、雪灾、洪水等灾害的歌曲。这些歌曲的共同主题是表达中国政府、军队、警察、企业、人民的勠力同心。然而在美国，发生灾难时，人们往往浪费许多时间争论应不应该做，要做哪个，而不是所有人携手解决问题。

这其实反映了中国传统文化和现代文明的特质，那就是只有共同努力，才能解决问题。可是反观美国，有史以来就过于关注个人成就和个人追求，今日亦如是。以美国应对新冠疫情为例，因为缺乏团结，所以难以解决。只有团结一心做事，才可能取得进展。

我希望美国民众可以达成对中国的这种理解，但现实中还有差距。他人遇到问题，中国人更愿意施以援手；而在美国，援助性意愿较弱，人们心中己方和对方的区隔更分明。

中新社 您认为，为了推进东西方的交流互鉴，中国和西方国家可以各自作出怎样的努力？

马克·力文 中国反对霸权，倡导管好自己的国家，然后再探索合作之路。但美国认为，与美国合作就得按照美国制定的规矩来。

在很多时候，美国国内的政治冲突很激烈，民众对政府缺乏信心。我认为，就民间而言，改善美中关系或者西方国家与中国之间的关系，更多取决于人。跨文化交流最好的办法就是两个不同文化背景的人坐下来，当面交流。这种交流是一个人叫醒另一个人，是两个人互相启发。虽然来自不同的国家，说着不同的语言，但双方目标是一样的，即在不伤害对方的情况下追求更好的生活。双方由此开始理解共通之处，考虑合作方向。

我认识许多外国人，来中国之前对中国抱有错误认识，来中国之后和中国人交流、共事，日渐理解并尊敬中国。几年前我曾在一个中国音乐节上，遇到一位来自美国波士顿的音乐家，询问他在中国生活的感受。他说："这里精彩绝伦，来之前我不知道，等我回到美国，有太多太多（中国故事）想讲给别人。"

当外国游客、留学生来到中国，获得的是亲身体验：同中国人当面交谈、学习，亲眼看到中国的民生如何改善，从而形成准确的认知。只有亲眼看到中国不同民族民众的生活状况，才会发现美国政府和一些媒体对中国的指责严重失实。只有亲身体验风土人情，才能真正了解。亲身体验要比读书、听访谈、看电视的效果更好。

中新社 您在中央民族大学任教期间，看到各民族师生之间的相处是怎样的？

马克·力文 几年前，我曾在一个座谈会上被问过这个问题：中央民族大学有来自不同民族的学生、教师，你们如何处理来自不同民族的师生之间的冲突，尤其是因民族问题而产生的冲突？我当时的回答是："我在民大工作的这11年，从没见过、听说过师生因民族问题产生冲突。"

我想，实现民族和谐的关键原因，在于共同的价值观。每个人在谋求自身福祉的同时，都在想如何才能为国家做贡献，让更多人过上更好的生活。这就是中国传统文化所体现的"家国情怀"。

中新社 根据您的亲身观察，您如何看待当下中国多民族共同发展的环境？您如何看待一些西方国家对中国所谓人权问题的指责？

马克·力文 我到访过中国29个省（区、市），其中许多位于少数民族地区。在那里，我看到了"两不愁三保障"这样的政策，即不愁吃、不愁穿，义务教育、基本医疗、住房安全有保障，这些都是很明显的发展进步。我在湖北、湖南、安徽、江苏和云南等地都见证了这些变化。中国成功消除了绝对贫困，我们完全有理由相信中国会实现更多减贫目标。

至于美国的各种指责，根据我走访各地所获得的一手资料，可以负责任地说那些指责不是真的。美国总是喜欢指责"存在竞争关系"的国家。对于拒绝被霸凌的国家，美国就会提出各种蛮横要求；但那些和美国交好、听命于美国的国家，哪怕真正做了可怕的事情，美国也会忽略。

我们不能忘记，美国以伊拉克有大规模杀伤性武器之由对伊开战，以军舰遭袭为由发动越南战争，美国政府介入战争的起因都是虚假信息。所以我一直很清楚，美国媒体所说的一些话并不是真的。

（记者 马佳佳、蒋文茜）

雷小山：中国推进共同富裕给跨国公司带来新机遇

雷小山（Shaun Rein），美国人，长期生活在中国，中国市场研究集团（CMR）创始人、董事总经理。

雷小山

“很多外国人不理解甚至惧怕共同富裕。其实，共同富裕是在帮助低收入群体，而不是试图摧毁资本主义。”

雷小山可能是最了解中国的美国人之一。40多岁的他，有一半时间都在中国生活工作。在过去的10多年里，他多次成功预判中国市场发生的重大变化和转折，并在其著作《廉价中国的终结》《山寨中国的终结》等书中予以阐述。

雷小山认为，廉价中国和山寨中国终结后，中国将迎来一场新的变革，那就是共同富裕。

他还认为，共同富裕对包括美国企业在内的跨国公司来说，意味着更多的机会和更好的竞争环境。

中新社 您写了多本关于中国的国际畅销书，在您眼中，这些年中国市场究竟发生了什么样的变化？

雷小山 2011年，我写了《廉价中国的终结》。书中指出，跨国公司不能再将中国单纯视为一个制造中心，而是作为一个销售中心。受劳动力价格上升等影响，在中国做生意的成本上升，但与此同时中国人收入提升，也使中国逐渐成为全球最大的消费市场之一。

当我写这本书时，包括《华尔街日报》等在内的大多美国媒体说我是错的，但这些年来，我的观点一点一点被证实了。

另一本书《山寨中国的终结》说的是中国将成为世界上最具创新力的国家。以前中国专注于商业模式的创新，但未来会转向原创技术的创新。

10年前，中国公司没有这样做的必要，因为只要从美国等世界市场获得现有的技术，就能身价上百亿美元。但现在，我们能看到中国在人工智能、机器人、量子计算机方面的创新。潘建伟院士团队研制的量子计算机比谷歌还要快得多。

可以说我的书和书中的观点是过去20年里对中国经济最好的跟踪记录之一。现在我关注共同富裕。很多外国人不理解甚至惧怕共同富裕。其实，共同富裕是在帮助低收入群体，而不是试图摧毁资本主义。

中新社 您认为，中国推进共同富裕能给跨国公司带来哪些新机遇？

雷小山 从区域来看，1979年改革开放之后，北上广深等一线城市受益更多。如果一个人来自北京，高考时可能更容易考入北大、清华等名校，但如果来自安徽、河南等地，难度就要高很多，这是不公平的。所以，共同富裕首先意味着不只是一二线城市，而是能让更多城市受益。

2010年，我采访了中国许多城市的消费者，那时大部分人最担忧的问题是腐败和污染。而2021年，当我再采访时，最大的问题已经不再是污染和腐败——这两个领域已经得到很大改善，现在人们更关注住房、教育和医疗。这正是共同富裕试图解决的问题。

中国政府希望能够让所有人都实现共同富裕，不能只让十分之一的人变富，而是要确保90%的人都能够富起来，这个时候无论美国还是中国的商业和经济都会更加发达，竞争环境更加公平。

我希望美国企业能够深入了解中国的三四五线城市发展，因为未来那里将会有更大的可能性。我觉得未来很多领域都有更好的机会，比如运动健康、智能制造、旅游等。中国的高铁等交通方式能进一步促进国内旅游业的发展。现在人们不再抱怨中国的酒店条件、景区卫生间和道路等基础设施差，一切都在变得更好。

中新社 您怎么看中美的经贸关系，两国是否都从中获益？

雷小山 美国中产阶级的繁荣在很大程度上归功于中国的劳动力。如果没有中国，过去30年里，美国会更贫穷，不可能有这么多中产阶级可以买得起苹果、耐克的产品。

同样，20世纪70年代，中国还是个相对贫穷的国家，发展起步需要大量资本来提供大量的工作岗位，其中很多资金就来自美国。毫无疑问，两国都从贸易和合作中获益。当两国合作时，美国人、中国人都过得更好。

但特朗普政府通过发动经济制裁来攻击中国，也在美国民众心中留下了许多关于中国的负面印象，从而搞砸了这种经济合作关系。

但他们说的不是事实。真相是中国通过低成本且训练有素的劳动力，良好的公路、机场、铁路等基础设施，（在一些领域）赢得了与美国的竞争。部分美国政客需要为美国领导层、商业团体本身的问题找个替罪羊，所以他们找到了中国。

中新社 您认为，美国一些人对中国最大的误解、误判是什么？

雷小山 他们不理解中国政府为何得到民众支持。这不是因为中国人被"洗脑"了，而是因为中国政府在改进和执行政策方面做得很好，创造了很好的工作和经济机会，所以得到了广泛的支持。

其次，美国部分领导层有偏见和歧视。过去70多年里，美国一直是世界上最强大的国家。美国崇尚军事实力。如今伴随中国的发展和崛起，一些人担心中国的强大会削弱美国自身的力量，这让他们感到害怕。

中新社 您认为中美在哪些领域可以扩大合作，推动中美关系正常化？

雷小山 一是环保领域；二是贸易和投资领域。一方面，过去十几年来，中国在环保领域取得了巨大成就，美中双方在合作方面有潜力。另一方面，目前美国商界并不将中国视为威胁，而是视作机会，这也是美中合作的突破口。经济关系更紧密，就会减少军事冲突的可能。中国继续为美国企业投资铺设"红地毯"是很重要的。

（记者　庞无忌）

博拉特·努尔加利耶夫：走过二十年的上合组织蕴藏哪些“东方智慧”？

博拉特·努尔加利耶夫

博拉特·努尔加利耶夫（Borat Nurgaliev），哈萨克斯坦外交官。曾任哈萨克斯坦外交部副部长。于1996年至2006年期间分别担任哈萨克斯坦驻美国、加拿大、墨西哥、韩国、日本等国大使。2007年至2009年担任上海合作组织秘书长。现为哈萨克斯坦外交部对外政策研究所所长，其主要研究方向为研判全球政经与国家区域安全趋势，并与全球从事外交政策研究的智库机构互动对话，提供建议举措。

“上合组织成员国之间的差异不仅不是问题，还是活力的源泉。”

2021年是上海合作组织成立20周年，其成员国元首理事会第二十一次会议于9月16日至17日在中亚国家塔吉克斯坦首都杜尚别举行。自2001年成立至今，上合组织已成为世界上最大的跨区域国际组织之一。20年间，该组织影响力超越其成员国所覆盖地区，在国际事务中的分量与作用显著提升，在文明对话与文化交流中的作用也愈发明显。

上合组织前秘书长博拉特·努尔加利耶夫结合自己的工作经历与思考，详解上合组织与西方主导类似组织的不同之处，对其中蕴藏的“东方智慧”做出阐释，并对上合组织的未来发展给出建议。

中新社 上合组织走过20年，您如何看待这个团结了18个国家和近世界一半人口的区域性国际组织？

博拉特·努尔加利耶夫 上合组织虽然是一个相对年轻的组织，但取得了很多实实在在的成就，为地区乃至全球安全稳定和可持续发展贡献了独特力量。

回顾历史，上合组织的目标是在拥有共同边界的成员国之间创造互信氛围，解决棘手问题，共同应对威胁国家和地区安全稳定的挑战。

随着规模扩大，上合组织的影响力已超越其成员国所覆盖的地区，成为国际体系的重要组成部分。

20世纪90年代，“上海五国”作为上合组织雏形，开启了在广阔亚太地区实践新型集体安全模式的新篇章；2001年，为共同打击恐怖主义、分裂主义和极端主义，上合组织应运而生。随着时间推移，上合组织的合作领域不断拓展，政治、经济、社会、人文等多领域合作不断推进。

值得关注的是，阿富汗问题一直在上合组织的安全议程中占据重要地位。当前，阿富汗地区紧张局势升温，“上海合作组织—阿富汗联络组”积极开展各项工作，为建设性接触阿冲突各方以及和平解决阿问题凝聚地区合力。

总体而言，上合组织顺利完成了成立之初被赋予的使命，并不断优化发展，灵活应对国际发展进程中的各种问题。

中新社　上合组织与西方主导的类似组织有何不同？其遵从的“上海精神”体现了怎样的“东方智慧”？

博拉特·努尔加利耶夫　我担任上合组织秘书长期间，研究过各方对上合组织的看法，并得到广泛意见，尤其是来自西方的意见。有些人倾向于认为上合组织是针对西方的政治军事集团，然而事实并非如此。上合组织是一个透明开放、能够开展东西方合作的国际组织。

与同类国际组织的不同之处在于上合组织高度开放的运行机制，包括所有文件信息的公开发布。虽然各成员国在会议中存在辩论与争执，但各方积极参与讨论，能够在协商一致的基础上公开通过决定。

此外，与西方类似国际组织的不同之处，还在于上合组织遵从“上海精神”。各成员国本着平等协商的态度，尊重不同民族、不同宗教信仰国家的文化形态，共同推进人类发展与进步。这既符合各成员国共同的利益诉求，也体现了先进的文明交流形态。

正是这种精神构成了上合组织对话平台的平等性。上合组织尊重每个参与国的利益和意见，平台中的国家不论大小贫富，都有平等的发言权。国际实践中很少有这样的先例，尤其是考虑到上合组织中的国家构成。

中新社　上合组织成员国覆盖的区域也是多种文明的发源地，不同文明在此对话交流。在您看来，彼此存在差异的成员国之间得以互鉴互通的原因是什么？

博拉特·努尔加利耶夫　上合地区文化传统深厚，是世界重要文明、宗教和文化的发祥地。上合组织成员国彼此之间有着共同的地缘关系与历史关联，区域内多种文明碰撞交流，形成了彼此尊重、开放包容的历史传统。各国人民都因一句谚语而团结在一起，那就是“远亲不如近邻”。

我想，这就是彼此吸引的“秘密”。成员国的文明背景确实差异很大，但都有朝着友好关系方向努力的愿望——共同建设家园，为区域协同发展负责。

这一目标被巧妙地转化为上合组织的章程、政治方针、组织计划和合作项目。

上合组织成员国之间的差异不仅不是问题，还是活力的源泉。上合组织中的人文互鉴就是一个很好的例证，它已成为安全、经济合作之外，推动上合组织不断发展的又一驱动力。

中新社 上合组织发展和“一带一路”建设有明显交汇，其互补性和互助性也日益凸显。在您看来，中亚地区国家在“一带一路”中发挥着怎样的作用？

博拉特·努尔加利耶夫 “一带一路”建设让很多不可能成为可能，这得益于本地区内相对稳定的政治环境，各国由此加强了经贸联系。事实上，上合组织为中国提出的合作理念创造了有利条件，其中“一带一路”倡议的推进就在很大程度上受益。

上合组织成员国、观察员国、对话伙伴国多为“一带一路”沿线国家。激活古丝绸之路和部分欧亚大陆通道，一直存在于各国长期发展规划中。

中国领导人习近平于2013年在哈萨克斯坦提出“一带一路”倡议。多年来，140个国家和30多个国际组织的加入，使“一带一路”倡议的巨大潜力得到验证。中国对“一带一路”沿线国家的投资累计超千亿美元，而中亚成为“一带一路”合作成果的“中心地带”。

哈萨克斯坦地处欧亚大陆中间地带，是欧亚大陆重要的十字路口。作为“一带一路”倡议的首倡之地，哈萨克斯坦是最早同中国开展“一带一路”合作的国家之一，也是中国在中亚地区的重要合作伙伴。同时，哈萨克斯坦提出的“光明之路”计划和“一带一路”倡议对接良好。未来，哈萨克斯坦将持续改善基础设施建设，释放哈过境运输潜力。

中新社 当今世界，百年未有之大变局与世纪疫情交织，推动世界格局与秩序的深刻变革和调整。在这一背景下，走过二十载的上合组织未来将发挥怎样的作用？

博拉特·努尔加利耶夫 当前，新冠肺炎疫情大流行成为国际社会发展的转折点，各国正在经历多边与单边、开放与封闭、合作与对抗的重大考验。

一方面，上合组织拥有完善的制度基础，成员国全方位密切合作，为本地区安全与可持续发展创造了必要条件。另一方面，上合组织国际影响力不断提升，其积累的成功经验正在被其他国际和地区性组织广泛借鉴。此外，上合组织自成立之日起就积极融入国际体系，关注的议题日益广泛，对欧亚地区各国的吸引力逐渐增强。

“变幻的现实”对上合组织自身恰是一个考验。20年来，上合组织在实践中探索出一条成功的合作之路。随着国际政治不断演变，上合组织也需要在巩固发展成果的同时优化合作理念与机制，这对于任何不断成长的国际组织来说都很正常。在适应外界变化的同时进行内部调整，才能成为不稳定世界中的稳定力量。

（记者　张硕）

帕特里克·奈斯：中国道家生态思想与西方“永续农业”理念有何相似之处？

帕特里克·奈斯（Patrick Nijs），比利时前驻华大使、终身荣誉大使、欧盟中国联合创新中心联合发起人。1997年来到中国后，他成为了中国改革开放的亲历者和见证者。他是一个坚定的环保主义者，2013年从比利时驻华大使位置上卸任后，选择继续留在中国，从事与生态环境相关的工作。

帕特里克·奈斯

“事实上，‘永续农业’只是将中国的道家思想进行再阐述和实践。”

2013年，比利时前驻华大使帕特里克·奈斯告别外交事业，与妻子邓旻燕一起回到她的故乡——一座铜矿枯竭的城市——中国昆明东川。

对中国道家文化颇有研究的帕特里克·奈斯，结合道家生态思想与西方“永续农业”理念，在东川一块荒地上建立农庄，历经7年“耕耘”，成功让这块荒地再次生机勃勃。

中新社　东川开采铜矿的历史超过2000年。因为长期开采，东川曾“山河破碎”，自然生态遭受严重破坏。您为什么在东川探索实践西方的“永续农业”理念？

帕特里克·奈斯　“永续农业”的思想起源于澳大利亚生态学家比尔·莫里森与大卫·霍尔姆格伦，是为了回应快速扩张且具有高度破坏性的工业化农业造成的问题，构思如何发展出更加稳固的农业系统。他们认为，工业化农业毒害了土地、水源，减损了生物多样性。他们观察各种植物自然聚集成为互助群落的现象，并据此发展出特殊的农业策略与社区规划方法，其要旨是把适当的元素组合在一起，使其相辅相成而永续存在。

东川因长期开采铜矿，生态曾遭受严重破坏，缺乏足够的植被调节气候，因此成为受气候变化影响最为显著的地区之一。我在东川选择了一片毫无生命力的荒地，希望能够在此创造出“永续农业”体系，以改变那些破坏性强的工业准则，引导人们运用包容、互惠的理念对待土地，相信结合自然要素可以让生产、生活变得更轻松。我在这片土地上，不翻耕、不施肥、不打药、不驱虫。因为翻耕会破坏土壤的生态平衡，施肥更会污染环境。顺应自然，认真聆听每一个物种的声音，去生产生态、有机的农产品。

实践了7年后，2020年农庄发生了显著变化。未施过农药和化肥的玫瑰盛开、蔬菜成熟、果树结果，农田里发现手指长的蚯蚓，这些都是土壤改良的效果。

中新社 您认为“永续农业”在中国当前的阶段适用吗？

帕特里克·奈斯 中国道家“自然之道”的思想与“永续农业”的理念不谋而合，这为中国人理解和接受“永续农业”提供了基础。

“自然之道”是道家创始人老子的哲学思想。人类社会以外的环境是深不可测、充满活力的，自然的活力远远超过人的智力和理解力。这就引出了道家思想一个重要的理念——“顺势而为”，就是人类要信任自然的指引，对自然时刻保持谦卑，应与自然的能量同行，而不是正面对抗。

我在东川看到，当地政府对东川目前的生态形势和问题有清醒认识，他们不仅有改善生态环境的强烈意愿，且付诸实际行动。他们也会认真听取我的建议。近年来，东川在保护和恢复森林方面做了许多努力，一些方法令人耳目一新。他们制定了专门的植树计划，也在革新垃圾处理方式。

事实上，“永续农业”只是将中国的道家思想进行再阐述和实践。我非常希望中国农民能接受“永续农业”的理念，这需要一定的时间，也受很多条件的限制，所以我尊重他们的选择。

中新社 您对中国道家文化颇有研究，道家的生态理念对当前世界生态文明建设有何意义？

帕特里克·奈斯 中国文化博大精深，其中道家思想作为传统文化中极其重要的一部分，蕴含了丰富的生态保护思想。

1978年至2011年，中国的政策制定者更为关注经济增长数据。这很正常，因为世界上所有国家在发展早期阶段都不注重生态环保。到“十二五（2011–2015年）”规划，中国提升了对生态的重视程度。现阶段，经济增长对中国仍然很重要，但中国用生态文明理念指导发展，并提出尊重自然、顺应自然、保护自然的生态文明理念。尊重自然，是科学发展的根本理念；顺应自然，是科学发展的决策原则；保护自然，是科学发展的实践要求。

中国传统文化中的思想尤其是道家思想中的“道生万物”“道法自然”“无为而治”的观点恰好与尊重自然、顺应自然、保护自然相契合，对今天中国乃至全球生态文明建设都具有深刻的现实意义。

中新社　欧洲如何看待中国的生态文明理念及发展情况？

帕特里克·奈斯　中国把生态文明建设作为永续发展的根本大计，力争2030年前实现“碳达峰”、2060年前实现“碳中和”。中国国家主席习近平近日以视频方式出席第七十六届联合国大会一般性辩论时宣布，中国将大力支持发展中国家能源绿色低碳发展，不再新建境外煤电项目。

这对世界来说是个好消息，但欧洲可能尚未意识到中国的这一深刻变化。许多欧洲人认为中国的发展仍然处在旧模式中，认为中国人对生态了解甚少，这一点非常令人遗憾。

中国幅员辽阔、人口众多，管理这样一个国家难度巨大。而中国领导人正在引领这个国家从以GDP增长为目标的发展模式转换到绿色发展模式。这并非易事，且需要时间，但中国正以实际行动在快速改变。我对中国的生态文明建设非常有信心，事实证明中国的生态变化非常迅速。

中新社　在生态文明建设领域，中国与欧洲有何不同之处？双方应该如何携手，创造更加美好的世界？

帕特里克·奈斯　在欧洲，生态意识的改变是从民众开始，并已经改变了一些破坏生态的行为，停止浪费自然资源。但这远远不够，想要生态环境获得更大改善一定需由政府主导。在中国，生态意识的建立是自上而下的，管理者已经具有了生态意识，但很多民众生态意识不强，中国进行生态文明建设的根本是全民树立尊重自然、保护自然的理念。

中国有强有力的政府，能够迅速、广泛地动员和组织工作，这是中国的重要优势，政府正在引领基层与民众实践各种方式方法，以改善生态环境。尽管走过一些弯路，但值得肯定的是，他们正在认真探寻适合中国国情的解决方案，并朝着正确的方向努力。

目前，欧洲与中国均对生态环境形势表示关切，双方在生态环境领域的合作是平等的。欧洲与中国保持合作关系非常重要，这将为世界生态文明建设贡献更多智慧与方案。这也是我留在东川，将中国道家生态思想与西方“永续农业”理念相结合并付诸实践的原因。

（记者　缪超、罗婕、谢滢）

唐瑞：如何看待中国对生物多样性的保护？

唐瑞（Terry Townshend），英国环保主义者，英国埃塞克斯大学环境经济学硕士。曾任职于地球环境国际议员联盟和英国环境、食品及农村事务部。现为保尔森基金会生态保护项目高级顾问、国际鸟盟全球咨询小组成员、“Birding Beijing”网站创始人，2010年后常住北京。

唐瑞

“近几年，中国将生态文明建设上升为国家战略，不断完善对环境立法和相关科研项目投入，这是负责任大国的体现。”

作为世界上生物多样性最丰富的国家之一，中国自1992年签署《生物多样性公约》以来，在保护中发展、探索中前进，走出了一条具有“中国智慧”的生物多样性保护之路。英国环保主义人士唐瑞表示，几十年来，中国对生物多样性的保护不仅仅体现于保护某一个物种，更是对完整生态系统的维护和平衡，实现了经济快速发展和自然环境保护的兼容共生。

中新社 十几年前，您在中国创办“北京观鸟网”的初衷是什么？作为一名环保主义者，您认为什么是生物多样性？

唐瑞 我一直致力于环境保护问题，最初“北京观鸟网”只是个人游记网站，我把在中国的见闻记录下来。后来越来越多的人在浏览网站之后来到北京，于是我决定把它做成一张认识北京野生动物的“名片”。

以前国际上很多人对北京的印象是“污染”。但实际上，北京的野生鸟类已超过500种。调查显示，北京的鸟类数量在二十国集团（G20）国家首都中排名第二，仅次于巴西利亚。更让人惊讶的是，北京有近600种野生动物，它们就像皇冠上的珍珠。通过建立“北京观鸟网”，可以提高人们对北京生物多样性的认识，因为保护的第一步就是了解。

生物多样性包括动物、植物等共同组成的生态系统，如果缺失其中任何一个环节，就会导致生态失衡。过去50年中，全球范围内的脊椎动物种群数量平均减少了68%。如果继续沿着这条路走下去，到21世纪中叶我们将面临30%至50%的物种消失，会威胁经济和公共健康，给人类福祉带来巨大风险。人类作为自然界中的物种，在用强大能力塑造世界的同时，也必须担负起重要责任。

中新社 在华十几年，您走访过中国各地，哪个地方给您留下了深刻印象？就生物多样性而言，中国现在有哪些新变化？

唐瑞　2010年刚到中国时，我便开始四处旅行。我去了中国东北，那里满是鸟儿在歌唱。在北京，这里是观鸟天堂，候鸟数量是我在英国和欧洲国家从未见识过的。青海的山特别美丽，那里有雪豹、狼、棕熊这样的顶级捕食者。我被内蒙古的鸟类数量所震撼，黎明时鸟儿的叫声像管弦乐队。在四川，我看到全世界独有的黑喉石䳭、红喉姬鹟、熊猫。我还去过新疆，那里有最丰富的生物资源。中国有高山、河流，有令人惊叹的森林和洞穴，这些都让我印象深刻。

十几年来，我目睹了中国的许多变化。例如，中国的东海岸是许多鸟类迁徙的唯一停留地，在飞速发展时期，中国对黄（渤）海候鸟栖息地的保护政策非常有力。此外，近几年中国还不断加强环境保护法、野生动物保护法等相关法律的建设工作。中国的生态文明思想，本质上是对环境健康与经济健康的理解。人类还有很长的路要走，生物多样性保护不能只依靠中国，世界各国都要朝着这个方向付出努力。

中新社　中国不止有珍稀鸟类，还有丰富的野生动植物资源，是世界生物多样性最丰富的国家之一。您认为中国在保护生物多样性上发挥了哪些作用？

唐瑞　过去20年里，中国的环境保护意识和理解有了巨大提升。减缓和阻止全球生物多样性流失的唯一方法，是确保足够重视环境保护，所以现在中国有许多组织和个人开始专注于保护物种或地区。

比如，云南的一些组织专注于保护长臂猿，江苏有专门对“全球8条鸟类迁徙通道之一”的湿地进行保护的组织，还有我亲身参与的青海西藏生态保护项目等。2021年，中国昆明还举办了《生物多样性公约》缔约方大会第十五次会议（COP15）。中国对生物多样性的保护，不仅体现在保护某一个物种，而是对完整生态系统的维护和平衡，早在几年前中国就已经开始将目光投向国际。

中新社　您与北京大学山水自然保护中心联合发起的“大猫谷”项目，为青海玉树的经济发展和动物保护工作提供了切实帮助。生物多样性保护中关于“应对资金缺口、政府政策协调”的核心观点，在此项目中是如何体现的？

唐瑞 我第一次到青海时，发现这里的人们是幸福、身心富有的。他们自身就是环境保护者，我只是找到一种方法鼓励他们。一方面，我们协调当地政府吸引各地游客来到青海，吃住都在当地居民家里，居民们带领游客观赏景点和野生动植物；另一方面，当地居民拍摄图片、视频后传至北京研究中心，并以此获得相应报酬。通过这些方式，当地居民有了更多收入，为自己生活的地方而自豪，也意识到保护自然的价值。中国西部和其他相对贫困的地区也可以借鉴这种模式。

现阶段生物多样性保护资金缺口大，全球每年的资金缺口在7000亿美元以上。要缩小资金缺口，很大程度上取决于政府政策，如改革有害补贴（农业、渔业和林业部门）、降低投资风险、支持资金投入等。同时，企业在自然基础设施、绿色金融产品上也可以发挥关键作用。

生物多样性保护就像人们日常生活中的“保险单”，当人类面对生物风险、经济风险、流行病风险时，对自然保护的资金支持就是一种保险。

中新社 《生物多样性公约》自1992年通过后一直落实不到位的原因是什么？作为COP15的主席国和最大发展中国家，中国在生物多样性保护方面可以给世界提供哪些经验和启示？

唐瑞 包括政府和普通民众在内，人们对生物多样性风险的认识还不够。生物多样性保护，一方面需要各国领导人足够重视并提供政策支持，另一方面也需要足够资金支持。实际上，鉴于当前世界处于全球生物多样性危机时刻，对自然的投资非常有回报价值。

2021年在中国昆明举办的COP15很重要。中国政府出台了支持生物多样性保护机制的政策文件，加强监管和财政扶持，还推动企业开展投资及保护生物多样性行动。但生物多样性保护不能只依靠中国一个国家的努力，作为举办会议的东道主和最大发展中国家，中国把许多国家和国际组织聚集在一起，使世界达成了一项共同的协议。近几年，中国将生态文明建设上升为国家战略，不断完善对环境立法和相关科研项目投入，这是负责任大国的体现。

中新社 近年来中国将生态管理纳入国家法律和政策制度以及重点发展

规划。作为北京市、青海省玉树藏族自治州政府的生态顾问，您觉得这些举措起到什么作用？

唐瑞　中国领导人提出了生态文明思想，在立法上做出更加科学和专业的行动，我认为中国已经在经济增长和环境保护之间找到了平衡。中国、哥斯达黎加等国都有许多好的例子和经验，对其他各国来说，积极借鉴经验并尽可能多地复制这些经验是非常重要的。

中新社　您曾在文章中谈到“生物多样性丧失会给人类繁荣和福祉带来风险，必须在全球范围内开展全面的努力来评估、保护和恢复自然”，如何理解这句话？

唐瑞　人类是自然的一部分，如果我们摧毁周围的其他物种，那本质上就是摧毁自身的“生命网络”。生物多样性流失产生的公共健康问题和经济社会的风险都是不可估量的。从积极方面来看，我认为生物多样性保护的意识来自于政府和民众，即人们越来越意识到环境和自然的重要性。

中新社　如何鼓励年轻一代对生物多样性保护有更深认识并承担更多责任？如何把“保护生物多样性”这一观念世代相传？

唐瑞　我4岁时在花园里看到一只特别美丽的小鸟，父母知道后便给我买了一本有关鸟类的书籍。童年时我便对大自然非常感兴趣，长大后就做与此相关的研究和工作。

有一位英国教授提出，要把生物多样性保护的教育尽早提前，我也认为孩子们对大自然的好奇心是天生的，我们有责任让年轻一代从小与自然建立联系，用故事的方式向他们讲述物种的迁徙和变化。我相信有更多有趣的故事等着人们发掘，也期待更多年轻人参与到研究生物多样性的项目和团队中。

（记者　柴敬博）

Part 4

中美观察

尼尔·布什：美国如何正确应对中国崛起？

尼尔·布什（Neil Bush），美国前总统老布什第三子、乔治·布什美中关系基金会创始人兼主席。

尼尔·布什

“我们要尽量以尊重的方式来表达自己坚定支持的价值观，而非一味指责或贬低其他的价值观。”

在中美关系发展历程中，“布什”是一个绕不开的名字。美国第41任总统老布什是中国人民的老朋友，40多年来见证并推动中美关系取得历史性发展。美国第43任总统小布什任内曾4次访问中国，创下历任美国总统访华次数之最。

中美建交40多年来，包括两位布什总统任内，两国各领域交流合作进一步深化，其间虽也有曲折，但总体不断向前。然而一段时间以来，美国采取的对华政策致使中美关系遭遇严重困难。

美国应如何正确应对中国崛起？中新社邀请全球化智库理事长王辉耀与美国前总统老布什第三子、乔治·布什美中关系基金会创始人兼主席尼尔·布什展开对话。与父亲、兄长一同见证了中美关系风云变幻的尼尔·布什认为，世界上没有一种制度放之四海而皆准，各方应以相互尊重的方式表达自己支持的价值观，尽可能求同存异，合作应对挑战。

王辉耀　您第一次访问中国是在1975年，随后也曾多次访华。亲眼目睹了中国过去这些年的发展和巨大变化后，您如何评价您所见证的中美关系？

尼尔·布什　1975年，我和三个兄弟姐妹访问了中国五周，我们在北京待了四周，然后和母亲一同乘火车去了无锡、南京和上海。中国过去近50年间经历了令人难以置信的发展，能够以旁观者身份目睹这一切是一件了不起的事情。

我在1975年看到的中国，人们同等贫穷，在“文化大革命”末期许多人还无法自由地作出选择，这在今天显然是无法想象的。40多年后回头看，如果再回到1975年，我无法预测或想象中国会有数亿人摆脱贫困，中产阶级会像今天这样迅速增长，经济会持续发展，创造新的就业机会和财富，人们能享受自由的日常生活，这给我留下了深刻印象。

我认为我与其他人有所不同的是，我曾实地到访过中国，亲眼看到了中国多年来的成长。我得出了一些深刻结论：没有一种制度是放之四海而皆准的，每个国家都需要建构一个适合本国国情的制度。中国的制度对中国是有效的。看看自我到访中国以来，以及美中建交40多年来的成果吧，结论不言自明。

王辉耀 您的父亲和哥哥都是来自共和党的美国总统，他们曾多次访华，有过很多建设性的对话和交流。不幸的是过去几年，尤其当同为共和党人的特朗普就任总统后，中美关系后退了不少，包括他对华发起的贸易摩擦。您如何评估当下中美关系？如何才能真正改善中美关系，促其回归常态？

尼尔·布什 一系列类似的因素导致了美方一些政客对中国崛起感到恐惧，这种恐惧反映在特朗普政府时期越来越激烈的对华言辞中，随之而来的是一种后退和拒绝对话的孤立主义做法。

我父亲的核心观点是：国家、家庭和朋友都需要彼此保持联系，以便更好地了解对方，设身处地为对方着想。这样一来，冲突出现时就能够以成熟的方式加以解决。但我们在过去5年甚至更早之前就与此背道而驰，“美国优先”“建墙”“反移民”“美国是最伟大的国家”等种种想法也随之出现。而看到中国经济不断崛起，在总量上已仅次于美国，很多美国政客都害怕这会让我们失去领先地位。此外，在美国的大环境下，我们没有很客观翔实的信息来了解中国，因此在政治上中国变成了容易受攻击的对象。

这就涉及“修昔底德陷阱”的问题。作为世界上的重要大国，美国如何应对中国崛起？美国很多政治家对此反应相当不佳，他们认为中国对美国经济和国家安全是一个威胁。但很显然，任何双边关系都会有问题，美国与法国、德国、以色列等亲密盟友间有问题，与中国间也会有问题。我们要尽量以尊重的方式来表达自己坚定支持的价值观，而非一味指责或贬低其他的价值观。最终目标应当是尽可能求同存异，以尊重和成熟的方式应对挑战。

关于对华加征关税，我认为这是一个非常愚蠢的主意。关税加在了美国消费者身上，伤害的是美国企业。特朗普及其背后的人认为，如果美国与一个国家有贸易逆差，则必须通过提高关税、平衡贸易来解决。但现实是，在全球贸易中，富裕国家想要从一些国家购买成本较低的优质商品，但发展中国家无法负担从富裕国家购买商品，因此出现了贸易不平衡现象，这很正常。经济学基础课中从没说过贸易不平衡是不自然、不适当或不好的。更深层次地看，这种做法可能旨在打击中国经济，令其出现倒退，但这也不符合逻辑。所以它是一个失败的政策，需要被扭转。

王辉耀　您谈到了大卫·李嘉图的比较优势理论，中美两国在科技、金融、基础设施等方面也有很多合作空间。不幸的是现在整个世界正面临巨大挑战——我们将长期处于疫情之中。您认为我们应该在哪些方面真正开展合作？

尼尔·布什　这个问题涉及一些影响人类在地球上可持续性生活的主要议题，包括气候变化、粮食安全，以及与卫生有关的一切。疫情是当下最显著和最紧迫的事项，但由于气候变化，我们还面临各种各样的自然灾害。怎样才能改变气候变化进程，使地球可持续地发展？在这些重大事项上全球最大的两个经济体必须合作，很难想象这些问题能在没有美中合作的情况下得到解决。

我们应当相互学习，秉持开放的态度去看看其他国家做了什么。我们应当分享现有疫苗研发技术，让世界各地都能生产出合格的疫苗，让全世界人民可以更便捷地接种疫苗，防止变种病毒传播。这一切都需要一个合作的环境，但可悲的是它今天并不存在。我相信事情会随着时间推移而改变，我确信本届美国政府已经在创造更多交流和对话的机会。当双方能够坐下来对话，就会产生好的结果。面对当前的严峻问题，在应对疫情等卫生相关事项上增进理解、开展合作，应当成为对话的核心。

王辉耀　对于新冠病毒溯源调查，有观点认为政治因素盖过了科学因素，您认为我们应当如何摆脱这种困境？中美应如何合作抗疫？

尼尔·布什　我并不关心病毒的起源问题，就像我不关心气候变化的起源。无论气候变化是由人类造成的，还是一种自然现象，事实是它已经存在，我们需要加以解决。美国、中国以及世界上所有国家可以就此发挥作用，携手合作。中国已经承诺力争2060年实现碳中和，各级政府、私营部门将共同努力做到这一点。我毫不怀疑，中国将在解决气候变化问题的合作中扮演主要角色。

我对病毒起源的看法也是如此。事实是我们正面临一种大流行病，它持续影响着全球数十亿人的生活，世界上所有成熟的文明国家迫切需要开展合作。我拒绝那些“病毒被蓄意泄露”的疯狂想法。赶紧抛弃阴谋论吧，病毒起源于哪里并不重要，让我们一起应对它。

（记者　王恩博、曾鼐）

林毅夫：中美能躲过“修昔底德陷阱”吗？

林毅夫，著名经济学家，美国芝加哥大学经济学博士，美国耶鲁大学经济发展中心博士后。北京大学国家发展研究院名誉院长、新结构经济学研究院院长、南南合作与发展学院院长、教授。

林毅夫

“中国的发展证明，现代化的道路不是只有发达国家走过的那一条。一个国家的崛起，也不是只有通过发达国家的那种弱肉强食的方式才能实现，而是有可能在和平、互利、共赢的状况之下获得另外一个发展道路的选择。”

2020年，中美经济总量差距进一步缩小，中国GDP占美国的比重升至约70%。而20年前，中国经济总量仅为美国的十分之一左右。

这一数字变化的背后是中国的崛起。当崛起中的中国，遇上掌握全球霸权的美国，全球竞争格局会发生何种变化？中美能躲过“修昔底德陷阱”吗？

林毅夫认为，与西方国家“弱肉强食”的发展方式不同，中国的崛起一直是通过和平实现的，这也为世界其他国家提供了一种新的可能，即：在和平、互利、共赢的状况下也可以实现发展。

对于所谓的“中国威胁论”，他指出，中国的崛起反而有助于构建一个新的、稳定的、让所有国家都能够共同发展的国际格局和环境。中美关系或在2050年出现缓和。

“后来者优势”

从百废待兴到成为世界第二大经济体、货物贸易第一大国、外汇储备第一大国需要多长时间？

中国的答案是不到40年。根据官方统计，2012年，中国GDP总量按不变价计算，已是1978年的24.5倍，经济总量占世界的份额也由1978年的1.8%提高到11.5%。此后的近10年，中国经济依然保持较高速的持续增长。

创造出这样的经济奇迹，“中国究竟做对了什么？”这成为经济学界的一个知名谜题。

有学者指出，中国经济持续的高速增长违背了许多西方经济学常识。如果按照西方提出的有限政府、独立司法、产权保护等支撑经济持续增长的因素对各国进行排名，中国并不靠前，但中国却实现了经济奇迹。为何会出现这样的“悖论”？

林毅夫认为，西方经济学大多是西方国家从自身发展过程和经验当中总结的规律。但却忽略了一个关键问题：西方发达国家所面临的机遇和挑战，跟发展中国家是不同的，他们的瓶颈也并不见得就是发展中国家发展的限制。

比如，西方国家强调市场和产权保护，因为自工业革命以来，发达国家的技术一直处于世界的前沿。经济发展靠技术创新，发达国家只能自己研发，靠发明来实现技术创新。在技术创新出现后，发明得到保护才能激发市场从事研发的活力。

但发展中国家的技术跟发达国家有差距。它们可以把成熟技术和产业引进来，这也是一种技术创新，而且成本和风险会比自己发明小得多，可以比自己发明实现更快速的技术进步，也就是发展中国家有“后来者优势”。发明技术和引进技术所面临的瓶颈限制显然不同，政府和市场要发挥作用的领域和方式也就会有差异。

可是，传统上中国人常有“西天取经”的心态，认为“只要把西方的经验学会，就可以用来改造我们的国家，从而像西方国家一样走向繁荣富强”。

事实上，林毅夫说，二战以后，真正能赶上发达国家的发展中经济体可谓“凤毛麟角”。一般从西方主流理论来看，成功的发展中国家或地区制定的政策是不正确的；而按照发达国家认为“正确的”政策去发展的国家，基本都不成功。

中国崛起靠的不是掠夺或霸权

除“走自己的路”以外，林毅夫表示，中国的崛起与西方国家的另一个很大的不同在于，中国的影响力是靠不断发展自身经济得来的，是通过贸易在一个互利共赢的全球化方式中实现的，而不是靠到国外去掠夺资源。

林毅夫指出，近现代以来，自地理大发现和工业革命以后，发达国家的发展基本上都以“弱肉强食”为特征，开始不断在海外寻找殖民地。一战、二战以后，实际上也都是利用其科技强权、军事强权，来获得政治霸权，从而得到或者维持其对世界的控制。

但中国文化向来强调“己立立人、己达达人”。对个人来说，“修身齐家治国平天下”是行为准则。对政府来说，在本国经济发展起来、百姓过上好日子的同时（“继绝世，举废国”），也希望其他国家得到发展，让其他国家的百姓也过上好日子。而且，中国强调“和而不同”“求同存异”，强调各个地方都能参与，这样各国相互帮助，大家一起发展。

由于在文化等方面存在的巨大差异，中国和西方国家在历史发展上出现完全不同的轨迹。

林毅夫指出，中国的发展证明，现代化的道路不是只有发达国家走过的那一条。一个国家的崛起，也不是只有通过发达国家的那种弱肉强食的方式才能实现，而是有可能在和平、互利、共赢的状况之下获得另外一个发展道路的选择。

百年未有之大变局

2018年，中国作出“世界处于百年未有之大变局”的判断。

这个变局为何出现？林毅夫指出，有相当大的程度是因为中国、印度、巴西等新兴市场经济体的崛起。其中变化最显著的是中国，按照市场汇率计算，中国在2010年超过日本，成为世界第二大经济体；2014年，按照购买力平价计算，超过美国，成为世界最大经济体。

彼长此消，过去百年曾主导全球经济、政治的八个国家现在失掉了主导世界的力量。1900年，英国、美国、法国、德国、意大利、俄国、日本、奥匈帝国组成的八国联军攻打北京。当时上述八国GDP按照购买力平价计算，占全球经济总量的50.4%。

此后，“核心”八国的范围调整，奥匈帝国崩溃、加拿大加入。2000年，八国集团GDP按照购买力平价计算，仍占当时全球经济的47%。也就是说，100年过去，其他国家经济总量在全球的占比只上升了3.4个百分点。

这一情况在2000年以后发生变化。2018年，“百年未有之大变局”的论断提出之时，八国集团GDP按照购买力平价计算，在全球的占比已从47%降低到34.7%，失去了主导力量。

2050年中美关系或出现缓和

中国的赶超，必然带动国际竞争格局的改变。林毅夫指出，美国感到自己主导世界越来越力不从心了，所以，在奥巴马主政时期，美国提出重返亚太，将其军事力量配置到太平洋。特朗普上台以后，又对中国发起贸易、科技摩擦等，带来了中美关系的紧张。

如何解决这一问题？林毅夫指出，首先，发展是关键。中国需要做好自己的事，继续发展，同时继续给其他国家提供发展机会。

他认为，到2050年，中国实现第二个百年目标，届时中国的人均GDP如果能达到美国的一半，中国的经济总量达到美国的两倍，世界可能会进入一个新的稳定的格局。

林毅夫解释说，美国对华发动科技、贸易摩擦，相当大的原因是当前美国的科技水平确实比中国更高。

如果2050年中国人均GDP达到美国的一半，那时北京、天津、上海加上东部沿海五省山东、江苏、浙江、福建、广东，这些地区人口总量大约4亿多，会跟当时美国的人口和人均GDP处于同一个水平。这样中国最发达区域的人口和收入水平，和美国差不多，产业技术水平也跟美国接近。美国可以卡中国脖子的技术基本就没有了。

但是，中国还有中西部10亿人口，这些地方的人均GDP大约是美国的三分之一左右，这部分地区仍有快速发展的潜力。到那时，中国的经济规模是美国的两倍，发展速度还会比美国快。美国不再有科技优势，也无力改变中国经济规模是美国两倍的事实，美国自己的发展又不能忽视中国市场带来的机会，中美之间就能够有和平和共同发展的基础。

林毅夫指出，中国做好自己的事，用好自身潜力，中华民族就可以实现复兴，也会给稳定的世界新格局打下基础。中国崛起将有助于构建一个新的、稳定的、让所有国家都能够共同发展的国际格局和环境。

美国问题的根源在硅谷和华尔街

中国的发展是美国问题的根源吗？林毅夫表示，多数发达国家出现问题，总是不愿意去找自己的原因，而是把责任推给别人，找替罪羊。

从2008年以来，中国每年为全世界市场扩张贡献30%左右的份额。如果能抓住中国机会，西方国家也可以发展得很好。

比如在欧洲国家当中发展最好的、被称为“奇迹”的德国。诺贝尔经济学奖获得者迈克尔·斯宾塞就曾经说过，德国之所以能在2008年的危机之后创造奇迹，就是因为中国的快速发展。中国经历产业升级、技术升级，新技术、新设备大量从德国引进，所以德国也发展起来了。

反观美国。近年来，美国中等收入群体比重下降，一般工人的收入水平没有明显提高，两极分化愈发严重。林毅夫说，有大量研究表明，这是华尔街跟硅谷造成的。

首先是华尔街。1971年美元跟黄金脱钩后，美国就利用美元是世界性储备货币的地位，倡导金融自由化，这也给华尔街利用美元地位和资本账目开放进入发展中国家炒作获利提供机会。大量美元流入新兴市场国家的股票、债券等市场又快速撤离，造成了其他国家金融不稳定。有研究证明，2007年，华尔街几家公司掌握了美国所有企业利润的40%。

其二是硅谷。美国的技术走在世界最前沿，而且自己不断发明新的技术。通过新技术的专利保护，硅谷可以全世界作为市场，获得很高收入。

从20世纪70年代至80年代以后，美国的发展主要就靠上述两个部分。但这两者能创造的就业非常少，随之而来的问题是制造业空心化。剩下的一些留在美国国内的产业是附加值很低的一般服务业。服务业吸纳大量就业人口，但收入水平很低，财富集中到华尔街跟硅谷的少部分人手中，这就是美国国内问题的主要来源。

美国财富分配不均，应该加税，然后把这些由科技创新或金融自由化带来的财富，经过税收，部分投入于改善本国的基础设施，部分用于改善教育，让国内能有更多更好的就业机会。

但美国不是这么做的，而是把国内的问题归因为中国发展快了，中国全球化了。所以，林毅夫强调，美国应该从自身找原因，找出有利于美国自身，也有利于世界上其他国家的解决办法。

（记者　庞无忌）

芮效俭：美国“从实力地位出发”与中国打交道为何不可行？

芮效俭（Stapleton Roy），生于中国南京，成长于四川成都，美国外交家，1991年至1995年间任美国驻华大使。

芮效俭

“如果中国或美国将获得支配地位作为目标，就不可能达成新平衡，因为这会让另一方难以接受。”

一段时间以来，美国多次提出所谓“从实力地位出发”与中国打交道。这种方式是否可行？中美到底应以何种姿态进行对话？

中新社邀请全球化智库理事长王辉耀与美国前驻华大使芮效俭展开对话。这位出生于南京，又曾在成都、上海等地度过青少年时光的美国资深外交官认为，美国必须停止从霸权的地位出发思考问题。美中应负起作为大国的责任，不要让政治体系差异阻碍合作。

王辉耀 您是一位经验丰富的外交官，从少年时期就了解中国，并关注中美关系多年。您对中美关系的过去和现在有什么看法？

芮效俭 在过去50年的大部分时间里，美国相信中国不断增长的财富和力量不会威胁到美方重要利益，双方间的分歧可以通过外交和协商来处理。现在的情况不再是这样了。

要理解其中发生了什么，首先要认识到美国和中国都处于影响其各自世界地位的根本性转变之中。美国正努力适应其不再是唯一超级大国的国际形势。这并不是因为美国实力下降了，而是因为其他国家力量的上升，中国是当仁不让、也是最重要的例子。一个新的多极世界正在出现。美国不愿意放弃自冷战结束以来的主导地位，不愿意接受为建立一种新平衡而作出的必要调整，这毫不奇怪。同时，在过去一段时间里，美国国内社会和政治的两极化损害了其国际形象，而可靠性是我们判断一个大国形象的重要标准。反过来，中国在非常短的时期内，获得了作为大国属性的财富和军事力量。这改变了中国人民的心理，也将改变中国的行为模式，令其更加自信。这是美中双边关系急剧下滑至半个世纪以来最低点的两个关键背景因素。

幸运的是，尽管有一些表面上的相似之处，拜登政府与其前任仍有着根本不同。拜登政府正小心翼翼地行动，以消除内部分歧并采取可持续的政策。对美中关系特别重要的是，美国政府已经重申将坚持“一个中国”原则，同时也在寻求北京和华盛顿之间的定期磋商模式。

实际上，美国对华强硬态度与其东亚盟友利益并不相符，这些盟友并不希望看到该地区被分裂成中美两大阵营。换言之，如果美国试图与其东亚盟友合作，就将发现他们并不支持对中国采取强硬态度，我认为这会对美国政策产生深远影响。

王辉耀　我们希望通过对话来探究如何缓和中美间摩擦，其中一个非常令人关注的问题就是病毒溯源。您对此有何见解？

芮效俭　在这个问题上，我们尤其应该合作而非相互争斗。我认为追踪病毒来源是很重要的，我们对如何溯源病毒这一问题有着各自看法。但基本的一点是，疫情威胁着世界上的每一个国家，如果世界上的两个主要国家不能齐心协力应对共同威胁，那么就会发生对我们双方都不利的事情。我们需要仔细想想，是什么问题阻止了我们在这个重要议题上开展合作。

王辉耀　美国常说，“中国没有和我们汇合，没有成为我们的一员”。然而中国有自己独特的制度，这种制度在抗疫上也有一定优势，并不一定要与美国一致。从一位美国前驻华大使和一个“中国通”的角度，您怎么看中美的未来？

芮效俭　如果中国或美国将获得支配地位作为目标，就不可能达成新平衡，因为这会让另一方难以接受。在东亚必须形成力量的平衡，否则我们就会不断地在战略上与对方竞争。这就是为什么我认为把战略竞争视作重点是绝对错误的一个原因，因为战略竞争总是集中在军事领域，这最终会产生一场无休止的军备竞赛，资源也将被迫从经济发展转移到军事发展。我认为美国现在必须停止从霸权的地位出发思考问题，拜登政府引入“从实力的地位出发与中国打交道”这一概念是错误的。任何人都明白，中国永远不会在此基础上与美国交涉。

国家利益必须在不排除和平共处可能性的前提下来界定，所以我认为中美关系有巨大发展空间。对于中国和美国来说，双方不应只从国内因素来看待世界。他们必须以客观的方式看待世界上的外部环境，然后在确保国内支持的情况下制定与其所处国际环境相应的外交政策。美国还没有做到这一点。

例如，东亚地区所有国家与中国的贸易额都比与美国的贸易额多。很明显，如果我们要求亚洲国家在中美之间做出选择，他们不会愿意，因为其与中国有非常重要的利益关系。我们必须明白，我们决不能简单要求各国在中美之间作出选择，这是一个错误的外交政策制定方式。

王辉耀 中国新任驻美大使秦刚抵达美国并发表讲话时提到，50年前，基辛格博士秘密访华，叩开了中国的大门。中美关系的大门已经打开，就不会关上。您对此如何看待？

芮效俭 我认为基辛格博士50年前对北京的访问非常值得纪念。因为它说明，当国家利益能够通过合作得到满足时，政治和社会制度的差异就无法阻挡这种合作。制度差异已经成为美国面对中国时的一个大问题。在某种程度上这确实影响了合作，但不应该在符合国家利益的时候阻止合作。

美国国内有一些力量出于对政治制度的不同考虑，想阻止与中国的合作。但我们需要想想，尼克松和基辛格是在中国“文化大革命”还未结束、两国间政治体系差别巨大之时与中国恢复关系的。如果说当今世界对于美中作为大国的责任有什么要求的话，从基辛格访华中我们就能得出，两国的责任就是有必要进行合作。我们不应让政治体制差异阻碍这种合作。所以我认为这是一次非常重要的访问。从历史上看，它为美中合作创造巨大共同利益提供了可能性。而这些共同利益，在我看来，有必要继续维持且推进提升。

（记者　王恩博、曾鼐）

何慕理：美国处处反对中国，没有前途

何慕理（John Hamre），美国前国防部副部长。

何慕理

“我们至少可以以专业人士、朋友的身份坦诚对话，哪怕我们的意见不一致。”

自拜登政府上台后，美国外交政策发生了哪些重大变化？又将如何影响中美关系？中新社邀请全球化智库理事长王辉耀与美国国际战略研究中心（CSIS）总裁何慕理展开对话。

何慕理曾任美国国防部副部长。在他看来，美国两党没有意识到未来10年到15年真正将面临的挑战——美国很可能会面临一个20年的政治重构期。谈及中美关系，他认为，美国的重点应在提升自己实力，解决社会内部问题。

王辉耀 美国总统拜登在美军撤离阿富汗时曾表态，美国不再寻求“民族建构”（nation building），您对此有何看法？如何看待美国的外交政策？

何慕理 我们不应该在不知道自己该做什么的情况下介入这些事。我认为，这基本上是该声明背后的意义。但是否意味着美国要撤出和其他国家的合作、以构建更强大的制度呢？不，我不这么觉得。但我认为，拜登总统的声明反映了大部分美国民众的感受，即我们过于频繁使用军队，但却毫无计划且失败了。

拜登政府强调的是关注经济、社会发展以及传统外交。“美国要塑造世界”这一点已经终结了，我们不会再继续这么做。

王辉耀 尽管特朗普不再执政，但特朗普主义似乎仍在盛行；您如何评估未来几年美国的政治发展？

何慕理 美国政治体系经历过两次重大变革，第一次是从1842年到1860年，以美国南北战争收尾。第二次是在1885年到1915年之间，当时国内局势紧张，政治体系发生巨大变化。这两次变革都持续近20年的时间。

我们可能要面临下一个20年的政治重构期。我认为美国两党没有意识到未来10年到15年真正要面对的挑战，而是为过去的政策而争吵，忽略了未来。我认为两党将继续陷入内部分裂。当然也会有工作进展，但进展可能仅限于州的层面。美国社会存在的经济差距的问题也是挑战。在我看来，美国内部的紧张态势可能会持续15年。

王辉耀　如何看待美国此前频繁“退约”？促进中美合作以及和平共处，我们能做些什么？

何慕理　我认为特朗普总统退出《跨太平洋伙伴关系协定》（TPP）是一个严重的错误。解决问题最好的办法就是寻找更多的贸易合作机会，但我不知道拜登政府会不会这样做。全球正在经历一场规模庞大的“重构”，早在疫情前就已经开始。在贸易领域我们看到的趋势是区域化发展而非全球化。在这一“重构”过程中，我对中美间的紧张关系感到担忧。

目前华盛顿对中国的看法很消极。我对此感到不幸，因为这将阻碍我们实施富有建设性的政策和想法。中美有各自的利益，在一些领域存在摩擦，但我们不能让某些紧张关系阻碍建设性的对话。

华盛顿目前主要分为两个阵营，一部分人认为中国正在迎头赶上，它将很危险，需要尽快阻止。另一个阵营认为这是一场前所未有的竞争，但美国状态不佳，就像没有训练的跑步选手，如果我们想继续竞争，就要重新找回状态，所以与其阻碍中国奔跑，我们自己更应该努力跑得更快。

我属于第二个阵营。我认为美国的重点应该是提升自己，克服困难、解决社会问题，而不是处处反对中国的所言所行。这是没有前途的。所以我所处的阵营一般认为，如果美国想要赢得竞争，需要自身内部更强大。

美国国内两党正在为一些小事而争吵，而没有时间思考“大问题”，所以这就是智库的任务。

我认为，未来10年，“二轨外交”将发挥比以往任何时期都重要的作用。现在政府官方之间很难见面，有时还在相互攻击。但我们至少可以以专业人士、朋友的身份坦诚对话，哪怕我们的意见不一致。中美之间会有摩擦，但必须有一个框架来进行沟通，我认为这就是“二轨外交”未来10年到15年的发展方向。

（记者　曾鼐、王恩博）

约翰·桑顿：中美关系如何“破冰”重建互信？

约翰·桑顿（John L. Thornton），美国著名投资家，曾任高盛集团总裁兼首席运营官，现任美国著名智库布鲁金斯学会名誉主席。桑顿是“中国通”，布鲁金斯学会约翰·桑顿中国中心便以桑顿之名命名。从高盛退休后，他担任清华大学的教授；2008 年，被授予中国政府友谊奖。

约翰·桑顿

“我认为在某些方面，民众的智慧或常识可以作为一种对抗精英群体的某些不明智决策的突破口。”

近年来，中美双边关系历经波折。未来中美如何打破僵局，推动双边关系向好发展？中新社邀请全球化智库理事长王辉耀与布鲁金斯学会名誉主席约翰·桑顿展开对话。

王辉耀 您曾谈到中美信任的缺失以及重建互信。如今，拜登政府已执政一段时间，双方能做什么？

约翰·桑顿 美中关系将是本世纪最重要的双边关系。一般来说，我对关于“拐点”“脱钩”或“冷战”等概括性话语持怀疑态度。这类声明大多是情绪化的、挑衅性的、无益的和错误的。我认为我们最好着眼于长期，观察动态趋势。

如果富国陷入争论甚至相互争斗，而其余大多数国家仍受困于贫穷、营养不良，成为气候变化的受害者，世界会变得更好吗？或是强国共同合作，带领世界变得更安全、更繁荣、更和谐？答案不是很明显吗。

气候问题是一个全球性的问题。引人注目的是，美中两国领导人正遵循曾在美中关系中行之有效的操作方式，可以称之为“周恩来—基辛格模式”，或者近年来的“刘鹤—莱特希泽模式”。这种模式是美国和中国领导人各自任命一位经验丰富、得到高度信任的资深人物；双方一起工作，建立信任关系，解决问题。

美中两位领导人都公开表示，将在气候问题上进行合作。在气候问题上的成功将再次证明，美国和中国的合作可以带领世界走向一个更安全、更健康、更和谐的生存环境。这对两国和世界都有好处，所有其他棘手的复杂问题都可以通过两个国家及与其他国家的合作来解决。

王辉耀 有学者提出，拜登在七国集团（G7）峰会上提出的“重建更好世界”的建议，可以和中国的“一带一路”倡议以及欧盟投资计划放在一起考量。中国、德国、法国领导人举行视频会议，也谈到中国和欧盟在非洲的合作。您怎么看？

约翰·桑顿 在美国，有一些人把“一带一路”定性为中国的地缘战略计划，但事实并非如此。富裕国家应在全球范围内协作，参与到“重建更好世界”和“一带一路”这些倡议中去，努力为世界其他地区建立必要的基础设施，这样我们才能建设一个更安全繁荣的世界。

这些倡议实施起来非常困难。但如果世界能够协同起来，以高效的方式建设重要基础设施，为各国带来好处，这其实是为人类自己做了一件大好事。所以很显然，我们是应该合作的，这毫无疑问。

王辉耀 现在中美正面临国家间人员流动的问题。您如何看待在当下这个特殊时期的跨国人文、商业、旅游、智库等方面的交流，如何真正促进双方在这些领域的交流？

约翰·桑顿 美中人民间的紧密联系是十分必要的。我希望年轻人能成为两国关系的积极推动者。中国有大约4亿“千禧一代”，要关注他们是如何成长的，如何思考未来以及中国的领导层是如何对这一群体的需求作出回应的。对于美国来说也是如此。这些群体之间的联系绝对是美中关系前进的核心。

年轻人之间的联系是深刻而广泛的，包含国家间、高校间、非政府组织间、个体间等多个层次，需要建立相互信任。这可能是避免高层误判的最好的保险措施。我认为在某些方面，民众的智慧或常识可以作为一种对抗精英群体的某些不明智决策的突破口。

王辉耀 2021年是基辛格访华50周年。基辛格曾提到，当今中美关系比1971年更加关键。双方是否有可能以某种方式再次“破冰”？您对中美关系的未来又有何看法？

约翰·桑顿 当谈论竞争和合作时，我可以理解国家之间的这两种想法，但我无法理解对抗。对抗是绝对不可能的，我们甚至不应该考虑这个概念。

一个国家究竟应把时间用来争论或互相对抗，还是把时间用来试图让世界变得更好？在我看来，答案是非常明显的。而我们越早认识到这一点，我们就越应要求决策层把这件共同发展的大事做好，就像50年前尼克松、毛泽东和基辛格他们做的那样。

（记者　王恩博、曾鼐）

克雷格·艾伦：中美经贸如何“再挂钩”？

克雷格·艾伦（Craig Allen），资深外交官，于2018年7月起担任美中贸易全国委员会会长。他在亚洲地区有近30年工作经验，曾担任美国驻文莱大使、美国商务部负责中国事务的副助理部长等职。

艾伦1985年起进入美国商务部，期间曾担任负责中国研究的国际经济学家。1992年至1995年，出任美驻华使馆商务专员。2002年至2006年，担任美国驻华使馆高级商务官。

克雷格·艾伦

“我认为，所有的中国人和所有的美国人都乐见一种合作关系。我们应该思考合作的最终目标以及如何达成合作。”

从争端摩擦、多轮谈判，再到签署“第一阶段经贸协议”，中美经贸关系自2018年以来经历诸多挑战和不确定。随着美国政府换届，美对华贸易政策出现新表述，但具体政策细节仍不明朗。

中美经贸关系应如何“再挂钩”？美中全国贸易委员会会长克雷格·艾伦表达了他对中美经贸关系发展“渴望细节”的等待，以及对两国关系发展“长期合作”的期待。

美中全国贸易委员会创建于1973年，拥有约260家与中国有经贸往来的美国会员企业。

中新社 在2019年8月我们的访谈中，您曾用“风迎面而来，而且刮得很厉害”形容当时的中美经贸关系。两年之后，您对当前中美经贸关系的感受如何？

克雷格·艾伦 我想可从两方面回答这个问题。如果只看数据，是相当好的。例如，2020年，美国对华出口增长17%，2021年增长11%。除此之外，美中双边投资有所放缓，但仍继续在太平洋两岸双向流动。只看数据，这种关系处于一个相当好的水平。

但我认为现实要复杂得多。美中两国政治氛围仍然冰冷，双方的分歧带来了不确定性和信任缺失，双边关系的复杂性也在增加。这给美中两国投资者都带来了压力。我担心，如果两国政府之间缺乏充分的讨论和沟通，那么双方分歧会更大。

中新社 拜登政府已上台一年多，您如何评估其到目前为止的对华贸易政策？

克雷格·艾伦 美国对华贸易政策是其全球贸易政策的一部分。从全球贸易政策层面来看，我认为，美国贸易代表办公室在这方面并未明确提出一个整体连贯的战略。到目前为止，美国在与欧盟解决贸易争端方面取得一些进展，也提出印太经济战略，但没有政策细节，我们仍在等待中。

至于对华贸易政策，拜登在竞选总统时说了很多关于关税对于美国工人和美国家庭的负面影响。削减或取消关税，或解决其他悬而未决的市场准入问题的双边谈判似乎没有。尽管美国政府表示正在寻找新工具加以解决，但我不知道它是什么，这使我对未来感到很不确定。

我想这就是今天所处的一种不舒服、不确定的位置，新冠疫情和乌克兰局势让情况变得更糟，我们都在等待接下来会发生什么，同时也在努力帮助会员企业去应对这种巨大的不确定性。

中新社 美国贸易代表戴琪2021年10月就对华贸易政策发表讲话时，使用了中美经贸关系“再挂钩”的表述，这透露出怎样的信号？

克雷格·艾伦 关于这个表述，她只提过这一次。从那以后，我没有看到美国政府再就此有过任何行动或提出任何建议。但我想说，我们看到了美中在农业、应对气候变化方面的积极迹象：2021年美对华农产品出口增长35%；美中在气候变化和流行病控制方面有很多合作活动；许多美国能源公司与中国合作伙伴积极参与节能减排行动。我不是说双方经贸关系没有问题，但如果有很好的合作机会，双方都应加以考虑。另一个很有希望的领域是公共健康和生命科学。

中新社 中国驻美大使秦刚履新以来，您已多次与他会面。您对中方的对美经贸政策有何感受？

克雷格·艾伦 同样从全球贸易层面讲起，我认为中国的经贸谈判非常忙碌也非常成功，这是非常值得注意的。我对中国加入《区域全面经济伙伴关系协定》（RCEP），以及正式提出申请加入《全面与进步跨太平洋伙伴关系协定》（CPTPP）表示赞赏。这是一个积极信号。

至于美中双边经贸政策，我认为我们在北京和华盛顿看到了非常相似的事情：双方都希望减少对对方的任何依赖，特别是在战略物资或可能具有战略意义的物资方面。

中新社 有一种观点认为，中美经贸关系在各领域联系如此之紧密，“脱钩”或“再挂钩”这样的话语方式其实无助于双方展开对话。

克雷格·艾伦 我同意。当你谈论所谓的“脱钩”时，你看到的是整体经贸关系中的一小部分。美中在农业、能源等领域的“脱钩”真的是不可能的，但在科技领域就是另一个问题了。我认为，在科技领域，两国政府都在采取行动，使对方国家的企业难以在其境内自由开展业务。

中新社 如果中美经贸关系要寻求“再挂钩”，应从哪些领域先着手？

克雷格·艾伦 我们确实需要建立信心的措施。比如降低关税，特别是在当前通胀时期，这会是非常聪明的做法。但我认为，美中两国政府都有国家安全方面的担忧，我们应该接受这个事实。既然如此，那就去界定国家安全问题，圈出范围划定清单，让其他领域可以执行世贸组织规则。

过分夸大对国家安全担忧的背后，往往是出于贸易保护主义的目的。美中两国将为之付出巨大的经济代价，而承担代价的恰恰是两国人民。

中新社 一些美国主流媒体的评论指出，“贸易战”是美国一次“代价高昂的教训”，增加关税并不是中美经贸关系的答案。您认为中美应怎样合作以促进各自的经济和企业发展？

克雷格·艾伦 目前阶段，我看到了关税长期化的趋势，这非常危险，因为这将扭曲美中经济关系。双方如果能就互相撤销关税展开谈判，将是一件非常利好的事情。美中双边关系现在真的很困难，关税就是其中的症结之一。

中新社 中美怎样的政治表态有助于双方相向而行？

克雷格·艾伦 如果两国领导人能就克服美中经济分歧，互相撤销关税，恢复双边贸易关系达成共识，那将非常好。目前要开展这样的对话非常困难。但我们应该牢记美国和中国必须长期共存的事实。我认为，所有的中国人和所有的美国人都乐见一种合作关系。我们应该思考合作的最终目标以及如何达成合作。

中新社 2022年3月18日，中美元首时隔4个多月再次举行视频通话，您如何评价中美这次接触？

克雷格·艾伦 美国和中国政府之间明确和直接沟通，对于负责任地维护世界上最重要的双边关系至关重要。习近平主席和拜登总统亲自发挥了引领作用，树立了良好的榜样，这是非常好的。我们希望两国各层级官员也能同时加强建设性对话，以管控竞争，并在许多其他紧迫、悬而未决的问题上开展合作。

（记者 陈孟统）

斯蒂芬·佩里：为什么说美国“错过”了中国的崛起？

斯蒂芬·佩里（Stephen Perry），英国48家集团俱乐部主席，伦敦出口有限公司常务董事，对促进中英友好关系有着杰出贡献。

斯蒂芬·佩里

“作为一个1972年就已经到过中国的人，我可以向您保证，在我目睹当时中国的贫困时，我是无论如何都想象不到2021年的中国会是现在的面貌。”

在当今世界正经历百年未有之大变局之际，中英两国关系“破冰者”的故事有何启示？中美如何避免“修昔底德陷阱”？为何说美国“错过”了中国的崛起？英国48家集团俱乐部主席斯蒂芬·佩里对此进行了解读。

针对中美关系未来走向，佩里认为，“修昔底德陷阱”不存在于中国的思维方式当中，中国也不寻求建立一方凌驾于另一方的“秩序”。他指出，一旦美国国内意识到，美国的未来取决于同世界上其他地区维持联系和互信，美国和中国的关系存在的困局就能得到解决。

中新社 20世纪50年代，以令尊杰克·佩里先生为代表的英国工商界有识之士，打破当时的坚冰，开启了中英贸易的大门，也为两国友好交往留下了宝贵的精神财富。您个人和家庭的经历可以给中英这样两个不同历史文化、不同社会制度、不同发展阶段的国家友好相处带来哪些启示？

斯蒂芬·佩里 为了同新中国签订最早的贸易协议，我的父亲和他的友人1953年来到了中国。他们当时克服了朝鲜战争的影响，坚持前往中国。父亲他们的精神赢得了尊重。中国各界人士今天对我的盛情更多的是出于对我的父亲所成就事业的一种认可。

尽管两国的制度、价值观、商业目标各不相同，但从中长期来看，英国和中国是不可能相互隔绝的。

世界正在朝着一个新的方向快速转变，亚洲未来将是世界的中心——但这并不意味着欧洲或美国地位的终结。我们都活在同一个世界、面临同样的问题，我们需要经贸和投资上的往来，我们必须共同面对全球性挑战。解决气候或公共卫生问题也须臾离不开各国携手合作。如果不同中国合作，我们在与亚洲打交道时不会获得轻松的解决方案。英国、欧洲和美国未来都必须与中国携手合作。

破冰之路不易，且将继续不易。但存在将各方凝聚起来的力量，例如伦敦作为金融中心需要中国、需要全球市场，需要借助同中国合作更好地参与欧洲和全球事务，特别是在联合国安理会框架下的合作——这一切都将我们以不同的形式团结在一起。我相信未来数十年里，我们仍将继续合作，继续经贸投资往来。

中新社 *您认为中国的发展可以跳出过往西方“国强必霸”的老路吗？*

斯蒂芬·佩里 中国人的思想中天然地就未曾执着于“霸权”和“统治他国”。5000年的中国历史都是关于如何固守本国的边界。“修昔底德陷阱”不存在于中国的思维方式当中。在这一问题上重要的是需要看到，对世界权力的探求、出于自身利益对权力的追逐，这些动机主导了整部世界历史。我们还要继续这样下去吗？一旦认清这一点后，答案便是否定的。

世界是不断向前发展的。向前发展的世界需要的不是“修昔底德陷阱”，而是“人类命运共同体”。后者是看待各国之间关系的另一种方式：我们携手合作，共同应对面临的问题。没有哪个国家需要寻求凌驾于其他国家之上，因为如果这样将导致战争，最终会毁灭掉一切。

今天的世界是这样的一个世界——美国正在全力捍卫其实力地位。美国终将认识到，他们“错过”了中国的崛起。当美国忙于在伊拉克和阿富汗的战争时，中国正在将经济转型升级，同时也将自身在全球的地位转型升级。

中亚、南亚、中东等地区可能有着不同的规则和秩序，但这并不意味着对美国不利。中国并非要在这一地区构建一个“一方凌驾于另一方”的秩序。

我相信中国发展的动力是建立在确保人人都能丰衣足食之上的，也只有这样，“修昔底德陷阱”才不再成立。否则中国不会不厌其烦地向美国解释——我们不会屈从于你们的“规则”，不会向你们臣服；但我们也不是来挑战美国、不是来“打败”你们的，“我们是来和你们合作的”。考虑到气候问题本身是西方造成的，为寻找到技术上的解决之道，中美必须相互信任、携手合作。

中新社 中美关系如何实现“转圜”？

斯蒂芬·佩里 中美关系即使不是当今世界唯一最重要的问题，也是最重要的问题之一。我认为美国被中东的战争和2008年金融危机牵扯了精力。到了2011年、2012年，美国开始意识到他们已经“错过”了中国的崛起。于是他们开始转而对付中国，如奥巴马时期推出的亚太再平衡战略，同时大打“跨大西洋盟友”牌。这是美国开始试图“管理”中国崛起的首批行动。

中新社 您是指美国错过了遏制中国崛起的时机吗？抑或他们白白地错过了合作窗口期？

斯蒂芬·佩里 美国人把同中国的合作挂在嘴边，但并没有真正地去合作，他们做事的风格便是如此。加入世贸组织对中国而言具有重要的变革性意义。而当美国意识到中国已经在对美贸易中取得了过去日本、韩国和德国那样规模的贸易顺差时，美国试图让中国停止获得顺差。美国表示将减少从中国进口货物，而中国则必须重新评估其货币的汇率。对此，中国表示不会照办。中国已经准备好与美国讨论如何开展合作，而非接受美国的指令。美国必须理解，中国并非他们所想象的那种国家。

正当美国考虑如何遏制中国崛起时，金融危机重重地打击了美国。到2011年时，拜登和希拉里已经开始推动落实奥巴马第二个总统任期的重要战略——亚太再平衡。美国从那时起试着重新定位其在亚洲的存在。

然而此时中国已经与俄罗斯在上海合作组织等框架内建立起了合作，共同捍卫亚洲的发展和稳定。正如美国1997年利用亚洲金融危机兴风作浪时，中国推动了《清迈协议》，维护了本地区的金融稳定。

一旦美国国内意识到，美国的未来不仅取决于美洲大陆，也取决于和世界上别的地区维持联系和互信，美国和中国的关系存在的困局就可得到解决。

中新社 西方一些声音认为中国打造新发展格局是走向“封闭”，您为何认为他们说错了？

斯蒂芬·佩里 中国“双循环”新发展格局是在“倒退”吗？恰恰相反，这是在更好地前进。假如中国没有改革开放数十年的成就，现在正在推进的共同富裕等举措也是不可想象的。正因为中国已经在各领域打好了基础，现在官方可以正式开始将中国朝着一个更加现代化的方向转型。作为一个1972年就已经到过中国的人，我可以向您保证，在我目睹当时中国的贫困时，我是无论如何都想象不到2021年的中国会是现在的面貌。

2035年的中国将取得的发展，也许同样会让今天的人们感到难以置信，更不用说2049年第二个百年目标实现的时候了。中国在不断地自我革新，这一革新需要经历不同的阶段。中国想要实现的远非局部地区的小范围变革，中国已经准备好迎接全局性的变革。这值得他国借鉴。

整个世界即将关注到中国自我革新的成果，且会把这些成果视作进步的象征。然而，西方人恐怕未来10至15年间仍难以认清这一点。西方人需要来中国亲眼看一看。

（记者　彭大伟）

博尔格·布伦德：为何中美合作对全球气候治理具有关键意义？

博尔格·布伦德（Børge Brende）曾任挪威外长、工业与贸易部长、环境部长。他从2017年起担任世界经济论坛总裁。

博尔格·布伦德

“挑战无国界。要想继续前进，唯一的方法就是要明白我们都在同一条船上，我们必须携手合作。”

第二十六届联合国气候变化大会（COP26）在英国格拉斯哥召开。作为气候变化《巴黎协定》进入实施阶段以来的首次气候大会，COP26备受各方关注。

博尔格·布伦德表示，中美占全球经济总量的40%以上，我们已经见证了两国的合作所具有的关键意义。世界不仅需要依靠中美两国所具备的领导力以实现一届成功的COP，在COP闭幕后的落实承诺阶段也需要这样的领导力。在气候变化、新冠疫情、生物多样性等全球性挑战面前，包括中美欧在内的各方需要更多的全球合作，而中美合作也将为打破世贸组织改革的僵局作出重要贡献。

中新社 世界经济论坛将与美国总统气候问题特使克里办公室共同启动"先驱者联盟"。正如您所说，这一倡议是向全球的利益相关方敞开大门的，而非仅限于美国或者欧洲企业。是这样的吗？

博尔格·布伦德 我们希望与拥有雄心和气候目标的企业合作，希望让它们的购买力真正推动技术进步。过去的经验告诉我们，设定明确的目标是非常重要的。

以太阳能光伏板为例。如果我在10年前说，光伏板的价格会跌到现有价格的十分之一，人们会说这太过好高骛远了。如今这一切已经成为现实。而通过研发的努力，更加现代化的光伏板也已经面世。今天的光伏板与传统能源相比已经颇具竞争力。我们非常感谢中国在这一领域作出的贡献。因为中国通过大量生产光伏板，成为了降低全球太阳能价格的主要贡献方。如今我们能看到世界各国已安装大量太阳能光伏板，有大量投资进入这一领域，这都降低了可再生能源的成本，增加了其使用量。

中新社 "重建更美好世界"被英美政府用于命名新冠复苏计划。中国领导人2021年9月在联合国大会提出了全球发展倡议。不同倡议之间是相互竞争还是一种合作的关系？

博尔格·布伦德　我希望这些国家之间能够展开更多合作。未来我们面临的全球性挑战需要全球共同应对。中美两国的关系对全球未来取得进步有至关重要的意义，无论是在气候议题上，还是在生物多样性，或是治理污染，例如海洋塑料污染等问题上，都需要各国携手合作，而且是更好地合作。值得一提的是，中国国家主席习近平在瑞士达沃斯出席世界经济论坛年会时强调了多边主义的重要性。诚如习主席所言，气候变化和其他全球性挑战一样，都是没有边界的。温室气体和新冠病毒不需要持护照就能四处“旅行”。挑战无国界，要想继续前进，唯一的方法就是要明白我们都在同一条船上，我们必须携手合作。

中新社　美国第一次加入《巴黎协定》时，约翰·克里在其中发挥了关键作用。如今，他已重回气候舞台，正在努力寻求让中美两国搁置争议，在气候问题上达成合作。为何中美两国的合作对于全球气候治理具有重要意义？

博尔格·布伦德　中美占全球经济总量的40%以上。在达成《巴黎协定》的过程中，我们已经见证了两国的合作所具有的关键意义。更加令我感到乐观的是，中国气候变化事务特使解振华与时任美国国务卿的克里曾有过很好的合作，例如在巴黎气候大会上。克里担任美国总统气候问题特使后曾不止一次访华，并与解振华有过多次会谈。我过去曾和两位特使共事，他们也都是我的朋友，我知道他们二人都对气候议题充满热情。我认为我们不仅需要依靠中美两国所具备的领导力以实现一届成功的COP，在COP闭幕后的落实承诺阶段也需要这样的领导力。

中新社　当涉及到可持续性以及全球治理时，我们无疑需要领导力。但在地缘政治语境下，中国官方的说法是，我们不需要接受西方的“领导”。当美国总统拜登2021年5月称结束新冠肺炎疫情“需要美国的领导力”时，中国外交部发言人回应称，“与美国不同，中国不会用疫苗影响或领导世界，更不会空喊口号不行动”。您对这一问题有何看法？

博尔格·布伦德　正如我回答前面的问题时所说的那样，中美作为全球最大的两个经济体，未来能够保持合作将是至关重要的。无论是在气候领域，生物多样性保护领域、还是在贸易或技术领域，都是如此。

在日内瓦举行的世贸组织（WTO）第12届部长级会议（MC12）上，全球顶尖的CEO们呼吁在贸易体制上取得进展，期待在全球价值链领域寻找到解决之道。港口、铁路和公路缺乏投资，这种状况不能再持续下去了。各国必须加强谈判力度，推动WTO改革向前迈进。在这一领域，我认为中美两国将在打破过去数年来WTO面临的僵局上扮演十分重要的角色。

中新社 或许我们能够找到一个比领导力更恰当的词？

博尔格·布伦德 我会改用这样的说法——我们需要更多的全球合作，因为我们面临的挑战都是全球性的。

中新社 我们应当将经济发展还是应对气候变化置于首位，您对此有何看法？中国可以在实现气候目标的同时确保经济平稳较快发展吗？

博尔格·布伦德 中国自主设定了2030年“碳达峰”和2060年“碳中和”的目标。这是十分有雄心的目标，但同时也是现实可行的目标。当然，提出了措施下一步就是落实。即使在中国，实现“碳中和”仍然同时面临动力和阻力，不过人们近一年已经看到了气候变化带来的真实破坏。

我想对中国以及世界而言，重要的是未来若干年内必须实现向低碳经济转型，否则经济发展也将受到巨大的影响。在消除贫困方面，中国过去20年时间里取得了人类历史上前所未见的成就。如今重要的是如何确保今后在仍能保持包容性增长、确保不返贫、保持经济发展稳定的同时，将经济增长与二氧化碳、温室气体和其他空气污染源的排放相“脱钩”。

不这样做的后果是人类将付出巨大的发展成本。没有人希望子孙后代在一个不断变暖、没有清洁空气的世界里长大。实现这种“脱钩”很像数学上的“化圆为方”难题，但正如我所说过的那样，我们已经见证了中国如何帮助全球光伏板价格在10年时间内大幅降低。正因如此，我们才需要确保绿色氢能等新技术和零排放车船等交通工具的价格能够降低，以确保实现低碳转型。此外，引入明确的激励措施也是必要的。

我确信中国能够处理好双碳目标和经济发展目标之间的关系，并且确保兼顾两个目标，实现将经济增长与碳排放“脱钩”，正如中国过去顺利克服各项挑战一样。

中新社 您是说，人类唯一需要的“脱钩”是将经济发展与高碳排放的行业相脱钩？

博尔格·布伦德 是的，这就是我要说的。

（记者 彭大伟）

马凯硕：中美关系需要赢家吗？

马凯硕（Kishore Mahbubani），新加坡国立大学亚洲研究所特聘院士、新加坡前常驻联合国代表。

马凯硕

“许多美国人认为，中国文明与西方文明的本质一样——当其愈变愈强时，将渴望征服其他领土。这是一个误解。”

成长并工作于新加坡这个多元文化大熔炉中，马凯硕深受亚洲传统与文化熏陶；而先后在华盛顿与纽约任职十余年，他又深谙西方——尤其是美国——的文化与政治。

一段时间以来，美国采取的对华政策致使中美关系遭遇严重困难。在此背景下，这位资深外交官的专著《中国的选择：中美博弈与战略抉择》在中国出版。

马凯硕认为，中美关系可以实现双赢，不同历史经历不应成为中美加深相互理解的绊脚石。中华文明的崛起或复兴并不会对西方文明构成威胁，各方应通过加强现有全球框架与多边机构的能力，达成一套共同价值观以应对全球性挑战。

中新社 您的著作《中国的选择：中美博弈与战略抉择》英文版书名为“中国赢了吗？（Has China Won?）”。在您看来，中美关系里需要一个赢家吗？

马凯硕 “中国赢了吗”这一书名确实具有一定挑衅意味，但阅读这本书时，大家会发觉我并不主张中美关系中应该有一位赢家。相反，我认为中美关系可以实现双赢。作为两国的朋友，我正努力鼓励两国进一步加深相互理解，同时也防止两国关系出现最坏的情况。

中新社 中美两国远隔重洋而相互审视，对彼此的理解似乎皆有偏差，导致有时各执一词。出现这种偏差的原因是什么？双方是否天然缺乏共鸣？

马凯硕 中美两国间缺乏相互理解是可以理解的。两国过去200年的不同历史经历决定了其不同观点。过去150年间，美国取得了巨大成功。相比之下，中国从1842年到1949年饱经屈辱。因此，中国一直非常专注于实现“中华民族的伟大复兴”。鉴于这些历史经验，美国对其在未来10—20年内变为世界第二大经济体这一可能性深感不安。因此，许多美国人认为美国应极力阻止中国发展。而中国的主要目标则是彻底洗雪百年屈辱，提高人民生活水平，确保中国受到世界上其他国家的尊重。

从理论上讲，不同历史经历不应成为两国加深相互理解的绊脚石，但事实上，正如我在书中所述，两国存在着大量误解。例如，美国对中国的一个重大误解是美国人认为中国人对其现状不满意。

斯坦福大学的一位美籍华裔心理学研究员范琼记录了这种看法为何是完全不正确的。如其所说，中国正以一种深刻而内在的方式发生变化，而且变得很快，如非亲眼所见，这种变化简直让人难以理解。中国的文化、自我观念与士气正在迅速地转变——大多是朝好的方向转变，这与美国的停滞不前形成了鲜明对比。

中新社　对于中美之间未来会否发生重大地缘政治竞争，您在书中的答案是：既不可避免，也可以避免。如何理解这种矛盾？

马凯硕　说它不可避免，是因为这场竞争是由深层次结构性力量所驱动的。在过去2000年的大部分时间里，中国和印度始终是世界上最大的两个经济体。只有在过去的200年间，欧洲、紧接着是美国才超越了中国和印度，开始成为世界历史的主导者。因此，中印的回归只是使这一反常现象结束，但美国却拒绝接受这一现实。

说它可以避免，是因为中美两国在全球问题上有着共同利益。近来，新冠疫情和气候变化等重大全球挑战，表明人类是一个命运共同体，两国应当携手应对这些问题。中美在增进人民福祉方面也有着共同利益。例如，多年来，美国在中东地区发动了数场不必要战争，浪费了数万亿美元，这使得美国亟须改善其国内基础设施，而中国恰好拥有建设此类基础设施的财政和体制能力。由于中国已成为基础设施超级大国，中美在基础设施建设领域的合作符合双方利益。

中新社　美国总统拜登近日在联大发言中表示美国“不寻求新冷战”，但即便西方媒体也对此持怀疑态度。您如何评价拜登的表态？中美会不会出现“新冷战”？

马凯硕　拜登总统表示，美国不寻求与中国进行“新冷战”，这是一项非常积极的进展。尽管如此，许多深谋远虑的美国观察家指出，拜登政府并没有扭转特朗普政府推行的许多消极政策。《华盛顿邮报》时事评论家法里德·扎卡利亚表示："拜登的外交政策是对特朗普外交政策的忠实延续，是对奥巴马外交政策的否定。"《金融时报》专栏作家爱德华·卢斯指出："拜登与特朗普在处理中国问题上没有什么实质性区别。"因此，如果拜登政府能够取消一些特朗普政府实施的消极举措，将是积极的进展。

中新社　部分西方政客和智囊在理解中华文明时，往往基于一些文化偏见作出非此即彼的判断。例如将中华民族伟大复兴误判为"新帝国崛起"，将"太平洋足够大，能容下两个大国"的东方智慧误判为与美争霸。在您看来，中华文明对西方文明是一种威胁吗？

马凯硕　中华文明的崛起或复兴并不会对西方文明构成威胁。中国相信，中华文明、西方文明和其他文明等多种文明能够和谐共存。中国不相信"文明冲突论"，相反，中国相信文明对话，包括向西方文明学习、吸收西方文明精华等。

许多美国人认为，中国文明与西方文明的本质一样——当其愈变愈强时，将渴望征服其他领土。这是一个误解。事实上，令人惊叹的是，在漫长的中华文明史上，中国没有征服过地理上与自身接近的领土。在哥伦布试图找到一条通往所谓"香料群岛"的路线之前近100年的15世纪初，中国海军就已经在郑和的领导下七下西洋，其乘坐的船只比葡萄牙或西班牙的船只大得多，他带领的船队最远到达非洲。但值得注意的是，他没有征服或占领任何越洋或遥远的领土。这反映了中国古代军事思想家孙子的伟大智慧："百战百胜，非善之善者也；不战而屈人之兵，善之善者也。"

中新社　人类共同面临的疫情流行、生态危机、贫富分化等问题，正考验不同文明的生存韧性。应对全球共同挑战，我们应当如何淬炼出一种人类共同价值？

马凯硕　过去，当世界上78亿人生活在近200个独立的国家时，他们就像生活在近200条独立的船上。但现在，世界已经缩小了。78亿人生活在同一条船上的近200个船舱里。如果一个船舱着火，就会影响到整条船。新冠疫情和气候变化已经证明了这一点。疫情非但未被限制在一个国家或地区内，反而在短短几个月内即演变为全球性公共卫生紧急事件。同样，解决新冠疫情和未来此类大流行病以及气候变化问题，也不能局限于个别国家。全球性挑战的解决方案必须是全球性的。要想制定此类解决方案，需要加强联合国和世界卫生组织等全球多边机构的执行力与公信力。通过加强现有全球框架与多边机构的能力，各国能够达成一套共同的价值观以应对这些全球性挑战。

（记者　王恩博）

戴维·兰普顿：美国没有加入亚投行是个战略性错误

戴维·兰普顿（David Lampton），约翰·霍普金斯大学高级国际研究学院（SAIS）外交政策研究所高级研究员。20世纪80年代至90年代，兰普顿担任美中关系全国委员会主席一职，被视作当今美国最权威的“中国通”之一。

戴维·兰普顿

“就像中国从这种一体化和连通性中受益一样，如果美国要实现规模经济，我们也需要与更大市场形成更紧密的联系。”

在世界范围内推动基础设施建设，是近年来多国内政外交关注的核心议题。中国发起的亚投行，助力全球更多国家为基础设施建设提供融资。

推动全球基础设施建设，中美能否合作？中新社邀请全球化智库理事长王辉耀与约翰·霍普金斯大学高级国际研究学院外交政策研究所高级研究员戴维·兰普顿展开对话。

兰普顿表示，中国受益于经济一体化和区域互联互通，美国同样如此。就推动全球基础设施建设而言，美国应当与包括中国在内的各方尝试开展更多合作。中国发起的亚投行有助于让全球更多国家为基础设施建设提供融资，美国没有加入其中是个战略性错误。

王辉耀　您如何看待习近平主席和拜登总统2021年12月的视频会晤？近期各类外交活动中释放出哪些关于未来中美关系走向的信号？

戴维·兰普顿　在某种程度上，美中关系正处于自尼克松总统1972年访华以来最难以预料的时刻。借用邓小平说过的一句话，我认为美中双方都在“摸着石头过河”。我们正在进行一种循序渐进的尝试，以了解如何在一个截然不同的环境中处理两国关系。此刻与40年前相比已截然不同，其中很重要的一点自然是中国经济的实力及其在塑造区域经济结构和基础设施建设领域的能力迅猛发展。

习近平主席和拜登总统的视频会晤可以给我们更多信心，因为这表明至少双方在处理好美中关系上都有强烈意愿。就两国领导人视频会晤这件事本身来说，我认为谈总比不谈好，这无疑是取得进展的第一步。

王辉耀　中美之间有一个巨大的问题，某种程度上也是误解。作为幅员辽阔的大国，中国需要强有力的中央协调。比如在建设三峡大坝、港珠澳大桥等大型基础设施项目时，国有企业发挥着独特作用。但在中国之外，人们对此不太理解。

戴维·兰普顿 我认为就中国的历史而言，这是对的。中国有不同的历史和地理环境，必须应对更多的人口。美国人应该更好地理解中国的特殊情况。同时，中国也需要承认美国的特殊情况。中小型商业是美国经济的支柱，在多数情况下，即使是最大的公司，政府也很少或没有直接所有权。因此，在我们的政治中，私营部门或小企业会担忧如何与拥有国家背景的公司竞争。

在过去中国加入世贸组织，以及未来中国申请加入《全面与进步跨太平洋伙伴关系协定》（CPTPP）的过程中，我们都希望美中可以发展出更多共同的经济实践，以减少两国间的紧张。我的基本感觉是，过去几年里，美国没有加入亚投行，没有加入CPTPP，而中国加入了《区域全面经济伙伴关系协定》（RCEP），这让我们之间的隔阂越来越大。在我看来，美中两国必须重新尝试获得更多共同的成长。

王辉耀 您曾经做过一些关于“一带一路”倡议的探索性研究，并著有《铁河：铁路与东南亚的中国力量》一书。能否介绍一下这本书？

戴维·兰普顿 这本书是关于中国如何自力更生建立起一个高速铁路行业的故事。2000年左右，中国还没有高铁行业或高铁系统，这本书的第一部分描述了中国如何为高铁系统建立技术和基础设施。第二部分则是关于中国如何与七个东南亚国家进行沟通，以建立一个有可能将他们与中国南部连接的铁路系统。

有些人会问，这是一个中国“占领”东南亚的战略吗？我认为并非如此。撇开每个具体项目发展的好坏不谈，总体上我们可以看出，邻国的富裕有助于中国发展，而如果中国周边国家想要致富，他们也需要与中国相连，与彼此相连。这是发展基础设施建设、为亚洲实现经济现代化和一体化而作出的努力，并非中国“接管”世界或该地区的阴谋论。

王辉耀 通过基础设施实现互联互通是一件非常好的事情，美国也开始意识到这一点。美国最近同G7国家一起推出了“重建更美好世界”计划。这个计划和“一带一路”倡议应该以某种方式结合起来。

戴维·兰普顿 我个人认为，美国和其他国家都应该同意“世界需要基础设施”这一观点。美中两国经济政策之间的区别意味着美国不会像中国一样在世界各地基础设施建设中发挥如此大的作用，但我认为美国应该尝试，如果有机会，我们应该与更多朋友合作、与中国合作。

总的来说，美国将在世界范围内采取更多行动。就像中国从这种一体化和连通性中受益一样，如果美国要实现规模经济，我们也需要与更大市场形成更紧密的联系。所以我认为美中两国正朝着同一个方向前进。同时，我也认为全球化并没有消亡。美国正重新回到“全球化”这个游戏中来，这是现实。

随着时间推移，“一带一路”倡议本身也在发展。中国参与了世界上许多地区不同类型的基础设施建设项目，正在积累应对不同情况的经验。总的来说，我认为中国在不断学习，也变得更加慎重。中国经济增速可能会有所放缓，同时国内需求也很大，或许中国人自己也会问：我们国家的人才、资源和技术向外应该投入多少，又该留给国内多少？

我试图告诉西方观察家，至少按照我的理解，中国对这些问题都进行了讨论，正在探索更健全的政策，而不是在财政上过度投入。我一直认为，中国发起亚投行的一个原因是，能够让中国以外的更多国家为基础设施建设提供融资，这是一个非常好的主意。在我看来，美国在奥巴马政府时期没有加入亚投行是一个战略性错误。

（记者　王恩博、曾鼐）

卡尔·劳斯迪亚：尼克松访华50周年，中美如何重拾融冰初心？

卡尔·劳斯迪亚（Kal Raustiala），加州大学洛杉矶分校（UCLA）国际学院教授、法学院比较法和国际法教授、伯克尔国际关系中心主任。2012 年至 2015 年，担任 UCLA 国际研究副教务长和国际教育办公室主任。曾为布鲁金斯学会外交政策研究项目的研究员及外交关系委员会的终身成员。2016 年，当选美国国际法学会副会长。

卡尔·劳斯迪亚

"一旦发生冲突，（中美）双方乃至全世界都会失去太多。"

1972年2月21日至28日，时任美国总统尼克松对中国进行了七天访问，这被国际舆论称为“改变世界的一周”，成为中美外交史上的“破冰之旅”。而50年后的北京冬奥开幕式上，“冰雪五环”破冰而出的设计，也向世界传递了中国人亲近温暖的处世之道。

美国加州大学洛杉矶分校伯克尔国际关系中心主任卡尔·劳斯迪亚阐述了尼克松总统访华50周年之际，中美两国应如何面向未来思考重拾融冰初心。卡尔·劳斯迪亚表示，面对当前中美关系，积极寻找双方契合点，更好管控现有分歧至关重要。

中新社 您曾在加州大学洛杉矶分校尼克松访华40周年纪念会上表示，这次访问“抓住了时机，改变了历史”，在您看来尼克松访华在当时有着怎样的特殊历史意义？

卡尔·劳斯迪亚 如今我们可以看到，中美是国际体系中最重要的两个国家。理查德·尼克松总统50年前的中国之行标志着两个大国在战略上的重新接触。此次接触之所以具有重大意义，主要是因为，出于意识形态因素，在此前22年中美都处于“冰封”期，而尼克松能够看到中国重返世界政治中心已是不可避免的事实，并将两国的重新接触与美国的战略利益放至同等高度，认为经营两国关系比拒绝中国更有意义。

中新社 50年来，中美经贸关系飞速发展，人文交流不断增加。您认为，中美关系50年来发生了怎样的变化？

卡尔·劳斯迪亚 50年前，中美关系主要关于地缘政治安全问题，以及联合制苏。而今天，中美之间最大的变化发生在经济领域，两国关系要复杂得多，既有竞争和对抗，也有合作和相互依存。今天有成千上万的美国人生活在中国，也有数百万华人在美生活。中美社会存在着种种关联，而不仅仅是两国政府间存在联系。

中新社 站在今天的中美关系下回看历史，您认为应如何理解中美两国之间相互博弈又紧密相连的动态关系？

卡尔·劳斯迪亚 一个和平的世界秩序需要中美之间密切合作。两国当然现存许多分歧，但在如全球经济、气候变化等问题上，中美之间只有通过联合行动才能有效解决。双方交往历史中一个关键部分是，美国欢迎一个崛起的中国加入全球秩序，尼克松具有里程碑意义的访问即是这一进程的开始。这在随后的几届政府中也继续存在，即使美国有时会担心中国的潜在力量和影响力。

中新社 您在2021年出版的新书《变化世界中的全球治理》中，探讨了对全球治理缺乏一体化的担忧。如何理解中美两国在参与全球治理中所扮演的角色和发挥的作用？

卡尔·劳斯迪亚 现有的全球秩序突出反映了美国自二战以来的想法——尽管中国一直是联合国的一部分，但联合国的基本设计源于美国，而中国倾向于在安理会上更“安静”。今天，中国正在长期以来由西方主导的全球秩序中变得更加积极，并更加具有影响力。中国从这种秩序变化中受益，这种变化给世界大部分地区带来了和平与繁荣。未来的关键是，中国要在保持这种秩序的同时，在全球秩序中拥有更积极的发言权，发挥更重要的作用。一个充满敌意和恐惧的世界不符合任何人的利益，尤其不符合那些最强大的国家的利益。

中新社 有学者称，中美能否把重要而复杂的关系管理好是“互利共赢”的关键。您认为，两国应如何走出当前困境，重拾融冰之心？

卡尔·劳斯迪亚 这是一个很难回答的问题。美国和中国在一些主要领域存在紧张关系，既有诸如价值观、权利等宏观问题，也有像南海问题这样的具体分歧。重要的是，双方都认为采取合法行动至关重要，并确保这些问题不是通过冲突，而是通过外交方式积极应对。一旦发生冲突，双方乃至全世界都会失去太多。即使在冷战期间，美国和苏联也找到了合作的方式及缓解紧张局势的办法。虽然中美关系与美苏截然不同，但积极寻找双方契合点、更好管控现有问题才是出路。

（记者　高楚颐）

孟德士：中美关系这种“势头”会持续吗？

孟德士（Manuel C. Menendez），MCM控股集团创始人、首席执行官，是一名与中国有着极深渊源的美国商人。

孟德士

“毫无疑问，绝大多数的美国企业，特别是在中国有业务的美国企业，都希望美中关系变得更好。他们也希望在双方存在问题的领域有更多对话。”

在孟德士提供的寥寥数行简历里，颇为低调地写着：20世纪70年代后期为中国重返世界市场发挥了积极作用；1980年担任大东发展有限公司（GED）首席执行官期间，促成中国与世界财富百强公司成立第一家中美合资公司。事实上，他的经历远不如简历里这般低调。孟德士1979年就来到中国，全程见证了中国的改革开放和经济奇迹。他对记者说，“孟德士”这个中文名正是1985年由邓小平所起。

孟德士认为，中美双方不会、也无法“脱钩”，双方经贸关系正在向着积极的方向迈步。对于当前中美经贸关系中的“真正问题之所在”，他分享了自己的见解，并提出很多务实建议。

中新社　2021年9月以来，美国对华持续释放积极信号。中美经贸团队在重启交流之后，双方的沟通向更深层次和更具体领域推进，更加广泛深入。您如何看待这一变化？

孟德士　2021年以来，美中两国之间的对话频率比过去几年要高得多，而且每一次会议都有一些进展，这是一个非常积极的迹象。现在美中双方紧急且优先的事项应该是更多的互动、更多的会议和更多的讨论。

关于贸易摩擦，美中双方都有合理的关切。我不认为一次会议就能解决所有问题，这将是一个逐步的、渐进的过程。

当前由于新冠肺炎疫情全球大流行，各国面临许多挑战。一些问题变得更为紧迫。这就好比说，有许多地方都着火了，必须决定先扑灭哪一个。当前，民众的健康和安全是每一个国家的首要任务，各国都专注于疫情冲击下民众的健康和经济复苏，比如：美国的基础设施法案，经济刺激计划，等等。除此之外，对美中两国来说，贸易关系也是最优先的事项之一。

总的来说，我的主张是更频繁的对话、交流和沟通。愿意交流本身就是一个好的信号，这意味着对话的窗口仍然是打开的。目前的几次交流都在走向好的方向，美国贸易代表戴琪就提到要与中国“再挂钩”。

中新社 对这个中美“再挂钩”的说法，您怎么看？

孟德士 我不认为美中曾经“脱钩”过。中国改革开放40多年来，美中经济是相互依存、相互交织的。实际上，我也不认为美中有“脱钩”的可能性。

两国在合作中会有一些问题，比如：当涉及到高科技领域时，会有一些高度敏感的内容，如网络安全等。这也是我主张增加对话和交流频次的原因。

作为一名商人，我的建议是，不能在同一时间处理所有问题。在商业发展中，“势头（momentum）”非常重要。比如：驾驶汽车刚起步时，使用的能量最大，而车轮开始滚动时，摩擦力越来越小，使用的能量也会变小，这就是“势头”。两国的对话也是这样，从起步开始逐步向前移动，回到谈话桌上。

具体方法是，在一些大型的会议上，挑选一些双方都能够同意的事情，在这些事情上达成一致，就有了一个向前的“势头”。这不仅对美中关系有好处，对世界也有好处。

中新社 对中美关系而言，哪些是能够增加这种“势头”的？

孟德士 我把美中关系分成两个“桶”，一个“桶”里装着政策性问题，一个“桶”里装着结构性问题。解决结构性问题非常复杂，可能需要改变规则或法律。所以如果要创造这种“势头”，可以选择解决一些政策性问题，比如关税。

我并不是说双方就关税清单上的所有东西立刻就能达成协议，但逐步在某些类别上摆脱之前的额外关税，比如农产品、健康用品、服装鞋袜等并不敏感的领域，是可以做到的，也可以给美中关系带来积极的“势头”。

中新社 当前美国持续面临较大的通胀压力，从中国进口物美价廉的产品其实有助于缓解这样的压力。以此为基础，未来中美能否迎来一个更加顺畅的贸易关系？

孟德士　回答这个问题前，我想说，“贸易不平衡”在美国是一个很大的“政治足球”。但我会告诉美国商界和政界人士，贸易不平衡并不是由中国造成的。

有需求才有市场。中国向美国出口商品更多的原因是美国公司从中国订购商品，因为中国商品质量好、价格低。通常全球商业规则是：质量最好、价格最优惠、运输最高效的就是赢家。当沃尔玛、开市客、耐克、苹果等在中国做生意的公司为美国市场订购商品时，贸易不平衡就产生了。

早期在中国设立的公司，包括宝洁、星巴克、麦当劳、通用汽车等已经得到很好发展。这些企业既很好地服务了中国市场，也很好地服务了美国市场。美国一些人，比如特朗普说，“中国让我们失去了工作岗位”，这并不是事实。我们需要回到之前那种互利合作的美中关系当中。

中新社　*您认为，美国一些人对中国最大的误解、误判是什么？为何近年来似乎误会正在加深？*

孟德士　部分原因来自媒体和政治。如果人们没去过中国，不了解情况，就可能引起误会。

1979年中国改革开放以来，我经常往返美国和中国。我的公司帮助建立了第一家美国和中国合资企业，我亲眼见证了中国发生的所有变化，这是一个伟大的奇迹，令人难以置信。

如果我是世界上最富有的人，我会带上美国每个市的市长、每个州的州长，甚至美国国会议员们，让他们来中国看看。不仅仅是北京和上海，无论在中国什么地方，这里的人对我都很友好，正如孔子所说：“有朋自远方来，不亦乐乎”。

孔子还特别强调“仁”“善”，因此，中国对冲突不感兴趣，从来都不是向外侵略的。

中国在崛起，但这并不意味着世界其他国家会被削弱。中国的崛起实际上也帮助了其他国家的发展——中国的快速增长带动了巨大的需求。中国已经在发挥一个稳定器的作用。比如在1997年亚洲金融危机期间，很多国家货币贬值。但人民币保持强劲，这有助于稳定亚洲金融。

美中关系缓和一个很重要的举措是要加强教育交流。越来越多中国学生到美国、美国学生到中国，将加深双方的相互了解。我也一直相信这个理念：通过世界贸易，实现世界和平。“当人们相互需要时，和平自然产生。”

中新社 中美经贸摩擦对美国企业有什么影响？

孟德士 贸易摩擦中没有赢家，只有输家。从特朗普时代到现在，贸易摩擦完全没有起到“预想”的作用。当时政治圈里的一些想法是，如果对中国输美商品征收高额关税，那么中美出口额会更接近甚至相等，更多美国企业会回到美国——但这从来没有发生。想要提高竞争力、为每个企业提供公平的竞争环境，关税不应该作为手段。

中国没有发起贸易摩擦。中国典型的做事方式是对外部压力作出回应，于是提高了自美国进口产品的关税。

当贸易出现困难时，有的美国公司会重新设计供应链。但据我所知，绝大多数公司都没有、也不会完全放弃中国市场。如果你是一个主要的跨国企业，你就不可能放弃世界第二大市场。

中新社 美国商界对中美关系有何期待？

孟德士 毫无疑问，绝大多数的美国企业，特别是在中国有业务的美国企业，都希望美中关系变得更好。他们也希望在双方存在问题的领域有更多对话。有些领域或市场是外国商人想要进入的，但中国暂时还没有开放。有人可能说：“哦，这是保护主义”，但这并非真相。

我向朋友们解释，有时你必须看一下中国的“时间表”。在我印象中，中国从未一下子就完全开放所有市场，因为它是一个大国，有14亿人口。中国的做法是在一个地区尝试开放市场，看看是否有问题，然后一步一步地开放。所以，要有耐心。

（记者　庞无忌）

Part 5

文化生活

卜松山：如何以翻译为径展示中国文化之“美”？

卜松山（Karl-Heinz Pohl），德国知名汉学家，德国特里尔大学教授，1945年出生于德国萨尔路易。曾任德国图宾根大学中国文学与哲学教授，特里尔大学文学与媒体学院前院长、汉学系主任。研究领域为中国哲学史、伦理学与中国近现代美学、中西跨文化交际与对话。著有《中国的美学与文学理论》《全球化语境里的中国思想》《与中国作跨文化对话》《发现中国：传统与现代》等学术专著专论，译著有《桃花源——陶渊明诗集》《美的历程》。

卜松山

“中国人几乎把所有西方文化的经典都翻译成中文，但西方人对中国却知之甚少。尽管汉学家在促进中西方文化交流和相互理解过程中发挥了作用，但却远远不够。”

欧洲汉学研究始于200年前，而欧洲对中国文献的翻译则始于更早的16世纪。德国汉学家卜松山认为，尽管汉学和翻译在中西交流中发挥了作用，但中西之间互译仍存在“不对称”，原因在于西方的“霸权话语”。西方语境下的中国存在诸多误解和偏见。中西方之间如何才能消弭隔阂、交流互鉴？卜松山讲述了如何通过翻译向西方展示中国文化之“美”。

中新社　您长期研究中国哲学、近代美学，翻译多部中国名著，出版了学术专著。您为何如此关注中国文化？

卜松山　我是通过林语堂的哲学著作《生活的艺术》对中国文化产生兴趣的，我在高中时读过这本书，它展示了中西方文化差异的迷人。后来，我读了一本关于禅宗的书——美国哲学家阿伦·瓦兹的经典著作《禅之道》，它同样非常令人着迷。书中称，禅宗与其说是一种日本现象，不如说是一种中国现象，是印度佛教与中国道教的融合。我的宗教背景是天主教，与禅宗的相遇让我颇受启发，大大拓宽了我的世界观。这也让我于51年前在德国汉堡大学从地球物理专业转到汉学研究。

中新社　您研究中国文化长达半个世纪，期间经历了怎样的思想历程？中国文化给您带来了哪些影响？您如何向西方介绍中国文化？

卜松山　首先，我研读了中国古代丰富的思想史。虽然我的兴趣始于佛教，但很快也对儒家和道家产生了兴趣。我了解到，这些世界观并非相互排斥，而是相互补充和影响。今天，我发现这三种教义中的每一种都同样引人入胜。

然后我又研读了中国近代史，特别是欧洲殖民主义和日本军国主义对中国的影响，即鸦片战争、义和团运动和抗日战争，我开始明白这段历史如何影响了今天中国人的态度。

我在教课或写关于中国文化的书时，首先会尝试展示中文的特殊性，然后再介绍、解释儒家、道家和佛教对日常生活的影响。我还介绍了中国几千年未间断过的历史，如此长的历史在世界上是独一无二的。最后，我试图解释如何结合文化背景来理解中国人的行为。

中新社 您是《桃花源——陶渊明诗集》、李泽厚《美的历程》等书的德文译者，在翻译过程中，您如何克服翻译的“不可译性”？

卜松山 1982年，我在加拿大多伦多大学做博士论文，题目是《郑板桥：诗人、画家和书法家》。为了这个课题的研究，我开启了第一次中国之旅，1981年去南京两个月，在那里得到一位书法家的指导。那是一次很好的经历，让我更好地了解郑板桥的背景。

在此过程中，我对中国诗歌产生了浓厚兴趣。从加拿大回到德国，我决定先将陶渊明的诗集全集翻译成德文。翻译过程中我又对美学产生了兴趣。所以当李泽厚的《美的历程》出版后，我和学生一起完成了这本书的翻译。我曾邀请李泽厚先生来德国，他在我工作的大学待了半年。后来我再次邀请，并一直与他保持联系，直到他去世。

由于中西方思想的差异，翻译有时很困难，但问题是可以克服的。中文的文言文又增加了翻译的难度，使得语言极其密集、深奥，即使对于中国学者来说，也并不总是容易理解。比如《周易》，许多中国学者对这本书的内容有不同的解释。

最难的是诗歌的翻译，这与它的形式有关。俗话说：“诗意不可译”，形式无法通过翻译体现，比如杜甫诗中的平起式或其他形式特征。因此，中文诗翻译成德语只能传达其内容，而很难传达其形式之美。

中新社 中西方美学有何异同？现代中国美学与西方思想的接触呈现出哪些特点？相互有何借鉴之处？

卜松山 西方美学是哲学的一个分支学科。在西方，它不被认为是非常重要的。而在中国历史上，美学可以说被认为是探究艺术和文学创造力的一种特殊的“中国方式”，也是诗歌、书法和绘画的本质。

中国美学还与文化认同有密切关系。大约150年前西方思想传入中国时，中国人认为中国文化是由美学塑造的，而西方文化是由基督教塑造的。蔡元培就主张“以美育代替宗教”。因此，美学对于理解中国身份——“中国性”的讨论很重要。像20世纪80年代中国受李泽厚著作影响而产生的“美学热”，这在西方是不可能出现的。在西方，我们可以更多地了解美学对于中国人认同感的重要性。

中新社 中西方跨文化交际与对话也是您的研究领域。在您看来，中西方价值体系的起源分别是什么？您认为中西方之间应如何进行跨文化对话？

卜松山 西方价值体系的起源是基督教。虽然今天宗教的影响已大大减弱，不再那么明显，但了解这一背景很重要。这就是为什么我称西方的价值观为后基督教价值观。中国价值体系的起源是儒家思想。儒家思想是中国传统文化的内核，它构成了中国社会的道德基础。即使在当今社会，中国人的价值观仍带有浓厚的儒家色彩，比如“仁、义、礼、智、信”。

跨文化对话应该在平等的基础上进行，相互尊重，愿意向对方学习，并试图通过改变视角来理解对方的观点，理解世界的另一个文明。

中新社 翻译对当今中西方交流有何启示？

卜松山 文化的发展很大程度上依赖于翻译，就像《圣经》从希伯来文译成希腊文、从希腊文译成拉丁文、从拉丁文译成英文……更不用说英语、法语、德语、西班牙语和其他语种的翻译了。在中国，印度佛经翻译对中国文化产生了很大影响，卡尔·马克思著作的翻译对近现代中国产生了根本影响。

就中西互译而言，问题在于“不对称”：中国人几乎把所有西方文化的经典都翻译成中文，但西方人对中国却知之甚少。尽管汉学家在促进中西方文化交流和相互理解过程中发挥了作用，但却远远不够。

这种情况与西方几个世纪以来的立场有关。西方的思想和观点已经成为常态，即所谓的“霸权话语”，从而影响了整个世界，中国也向西方学习了很多。

只有当中国在全球舞台上对自己的文化更加自信时，这种“不对称”才会改变，同时也将增加西方了解中国的意愿。

（记者　史元丰、万淑艳）

吴漠汀：我为何翻译中国现当代文学？

吴漠汀

吴漠汀（Martin Woesler），生于1969年，德国著名汉学家、欧洲科学院院士、欧盟让·莫内讲席教授、德国维藤海德克大学汉学研究员，曾任德国慕尼黑应用语言大学中文系主任、罗马第三大学讲席教授、美国犹他谷大学副教授。2019年受聘湖南师范大学“潇湘学者”特聘教授。主要研究领域为《红楼梦》、比较文学、翻译、跨文化交流、中国现当代文学。他通晓德语、汉语、英语，先后翻译一大批中国作家的作品。他同史华慈先生共同翻译的《红楼梦》，是《红楼梦》首部完整德文译本。吴漠汀荣获2020年度中国政府友谊奖。

“文学作品在一定程度上反映了作家对时代的不同理解。在了解他们的作品和思想的过程中，可以一步步了解中国。”

在中国现当代文学走过的逾100年历史间，海外译介从未停息。1926年，法国文学期刊《欧罗巴》发表敬隐渔翻译的鲁迅作品《阿Q正传》，开启中国现当代文学走向海外之路。

德国汉学家吴漢汀翻译了鲁迅、许地山、郁达夫、朱自清、冰心、巴金、钱锺书、王蒙、张洁、刘再复、贾平凹、余秋雨、韩少功、张炜、韩寒等一大批中国作家的作品。吴漢汀教授讲述了他为何钟情于中国现当代文学的原因。

中新社 除《红楼梦》德文版，您还翻译了一大批中国近现代作家的作品。您为何钟情于中国近现代文学？

吴漢汀 从世界文学角度来看，中国文学一直保持着良好的创作水平。《红楼梦》和《阿Q正传》是当时全球最佳文学作品中的代表作。

20世纪20年代，中国出现了许多在世界文学领域称得上高质量的文学作品，缘由之一是中国作家与各国文学界进行了密切交流。今天，仍有一些优秀的中国文学作品值得让世界看见。而当文学作品的引进多于译出时，更是如此。

中国现当代文学吸引我的另一个原因是作品蕴含地方特色。例如，贾平凹的作品中包含了大量方言、家乡特有的传统等。这些精彩内容很难译成外语，但值得传播。我很愿意翻译这样的中国乡土故事，把它们带到外语世界。

中国现当代的顶级文学极其丰富。鲁迅塑造了白话文。虽然当时鲁迅拒绝被列为诺贝尔文学奖候选人，但其实他的作品甚至高于诺贝尔文学奖评奖标准。他以《阿Q正传》《孔乙己》《狂人日记》等作品写出了当时国际上最先进的现代文学。直到今天，用英文出版他的全集仍是一个宏愿。我目前翻译了他的《小品文的危机》《华德焚书异同论》《为了忘却的纪念》等。

王蒙对文学中意识流风格的实验性发展作出了很大贡献，我曾翻译过王蒙文集《中国天机》、短篇小说《坚硬的稀粥》和他的一些散文。此外，我非常喜欢翻译韩少功的作品《空院残月》和《怒目金刚》。

中新社　中国近现代文学的魅力何在？翻译近现代文学如何加深您对中国的了解？

吴漠汀　了解中国近现代文学是理解中国及其文化最好的方式。作家能让读者明白其想法，让读者参与到他们的想法中来，以中国的视野观看中国。

中国近现代文学中能看到古代文学与外国文学碰撞的火花。以鲁迅作品《呐喊》为例，其真实描绘了从辛亥革命到五四时期的社会生活，揭示了种种深层次矛盾，对中国旧制度以及陈腐的传统观念进行了深刻剖析与抨击，给读者提供了新角度了解中国近现代文化与时代特点。

同时，“80后”文学等新兴文学的登场，成为新世纪之初中国最重要的文化现象。2000年以后，以青春文学为主体的“80后”写作在文学市场取得了辉煌成果，韩寒是其中较有名气的一位。

文学作品在一定程度上反映了作家对时代的不同理解。在了解他们的作品和思想的过程中，可以一步步了解中国。

中新社　有种说法是，很多文学作品在跨文化翻译过程中，会失去原本的魅力。您在翻译中国近现代文学作品时，是如何克服翻译瓶颈的？

吴漠汀　我认为这是一种偏见。文学作品在跨文化翻译过程中并不会失去其原本魅力。如果不做翻译，那么一个国家的文学作品只会拥有本土读者；要想让作品走出去，就至少得将其译成英文。

每部文学作品或多或少都有其独特魅力。倘若一部文学作品在外国读者看来极具魅力，而本国读者却意见相左，我们把它译成外国文字就很有意义。

但翻译文学作品切忌改变其原本魅力，不能增加或减少一分。倘若本土译者无法充分理解和鉴赏，那么最佳译者可以是旅居国外多年的译者。通常，成功的文学作品翻译大多由译作语言为母语的译者完成。

中新社　过去很长一段时期，西方对中国古典文学研究较多，而对现当代文学的翻译和研究较少。有外国翻译家直言：“中国现当代文学在西方的处境如同沙漠。”这一现象背后的原因是什么？

吴漠汀 中国现当代文学在外界确是一片荒漠。但其实这种待遇是不公的，因为中国确有高质量文学作品。

在德国，非德国文学占文学总量的12.5%，中国文学只占0.3%。我从事翻译工作之前，我们每年有11本中国文学作品被翻译成德语。随着我的参与，这个数字大约翻了一番。我在德国召集一群年轻汉学家加入了一个翻译工作坊，平均每年大约将10本书从中文翻译成德文，其中大部分是文学作品。

中国文学只有在中国进入国际社会舞台才会受到欢迎，国家形象在其中起到很大作用。中国在提高自己的文化吸引力上还有一段路要走，我希望我的翻译能够为中国文化走向世界添砖加瓦。

中新社 近年来，中国近现代文学在西方“遇冷”现象有改变吗？哪些类型作品更易吸引欧洲读者？

吴漠汀 中国文坛自身能够产出许多高质量文学作品。自20世纪30年代以来，中国高质量的文学作品仍较为丰富。像莫言、刘慈欣、阎连科、苏童、余华等一些当代作家在西方读者中已具有一定影响力，但更多作家仍然不为人知。

整体而言，中国文学尚未在西方读者中形成具有自身特色的稳定形象。中国作家可多阅读外国文学作品，以取长补短、兼收并蓄。例如在20年代的中国，鲁迅就积极参与文化交流和翻译。通过频繁的文化交流，鲁迅的小说《阿Q正传》被翻译成法文，并得到法国作家罗曼·罗兰的支持。

在文学类别中，科幻小说、儿童文学和网络文学是西方读者包括欧洲读者较为欢迎的。艾瑞咨询研究显示，2020年中国网络文学海外用户规模已达到8000万以上，对西方读者吸引力非常强。

中新社 扎实的语言功底和翻译水平使您的作品在欧美汉学界引起广泛关注。您认为翻译中国近现代文学能为中西文化交流作出怎样的贡献？

吴漠汀 要改善文化交流和相互理解的现状，除上述方法之外，还要让人们团结起来。当人们真正了解了另一个国家的人，常常会改变对这个国家的态度。因此，我们可以加强与中国建立学校伙伴关系和城市伙伴关系等。

同时，也可以用其他文化方式吸引外国读者。像中国第五代导演拍摄的电影极大推动了西方对中国文学作品的接受度，《红高粱》《菊豆》《人生》等都是改编成电影的文学作品，《喜宴》《饮食男女》等电影介绍了中国饮食文化，《卧虎藏龙》介绍了中国武术。

此外，了解一个民族、一个国家、一种文化的最好方式就是阅读现当代文学。作者可以带领读者进入其内心世界，让读者参与他的思想轨迹，通过中国人的眼睛了解中国，打破偏见。比如，安乐哲和罗思文阐释《论语》时尝试从比较哲学角度寻找出路，就把中国古代哲学思想成功传播到英语世界。

中新社　近现代东西方文学有何交流与相互影响？

吴漠汀　近代以来中西方文化交流的主力是来华的西方传教士、留学生和移民海外的华侨华人和翻译。西方传教士把中国古典文学介绍到了西方，比如理雅各翻译出版了《中国经典》，向西方读者介绍东方文化、哲学思想和风土人情。朱生豪是中国翻译莎士比亚作品较早的译者之一，其译文质量和风格卓具特色，为国内外莎士比亚研究者所公认。郭沫若是歌德作品最早的翻译家之一。

近现代东西方文学交流不仅促进了中国文学的发展，还丰富了世界文学。西方文学种类丰富，为中国人的阅读提供了更多选择。中国文学也给西方带来了不一样的视野和体验。获得诺贝尔文学奖的莫言曾阅读过大量外国经典名著，后来写了许多乡土作品，让西方读者真切感受中国。

文学交流正在增强。目前，德国儿童文学在中国的传播正处于高峰，越来越多中国文学作品被翻译成外语。然而，只有当市场本身需要更多中国书籍时，中国文学才会增加其在全世界的影响力。

（记者　万淑艳）

哥舒玺思：荷兰语《红楼梦》翻译为何历时13年？

哥舒玺思（Anne Sytske Keijser），荷兰翻译家，现任教于荷兰莱顿大学汉学院，主要教授现代汉语、古代汉语、中国文学等课程。20世纪80年代曾在莱顿大学、厦门大学学习。译有聂华苓、张贤亮、叶兆言、苏童、毕飞宇、白先勇、周作人等中国作家的作品以及中国古典文学作品。

哥舒玺思

"我认为通过文学作品了解另一种文化和另一个世界十分值得。"

2021年11月，荷兰语全译本《红楼梦》（120回）正式出版。这部中国文学巨著，终于有了荷兰语译本。

三位荷兰翻译家哥舒玺思、马苏菲（Silvia Marijnissen）、林恪（Mark Leenhouts）为此整整翻译了13年，最后与读者见面的译本分四卷装订，厚达2160页。

译本面世后引发荷兰学界和媒体关注，多家荷兰媒体刊发报道或撰写书评。哥舒玺思将13年的翻译历程娓娓道来，谈及荷兰语全译本《红楼梦》对于向荷兰大众尤其是年轻人传播中华文化的重要意义。

中新社 外界可能很好奇，为什么花了13年时间才完成翻译？翻译时最难的地方和最有趣的地方是什么？

哥舒玺思 其实我们不是13年一直从事《红楼梦》的翻译，我们都有本职工作，我是荷兰莱顿大学的老师，马苏菲和林恪这些年不仅翻译《红楼梦》，也翻译了很多其他作品。

翻译工作花这么长时间，首先因为我们要想办法把《红楼梦》的语气翻成合适的荷兰语。《红楼梦》的对话很多，而且很有趣，很吸引人，里面还有很细的东西，可以从中感受人物性格。所以，有时候可能意思已经翻出来了，但是读起来总觉得缺点什么，不够生动，不够生活化，感觉语气翻得不合适。

比如“您”这个词。荷兰语中也有“您”，但只表示“尊敬”，不表示人和人之间的“距离”。而在《红楼梦》中，“您”的语气很多变，按理说袭人是贾宝玉的丫鬟，应该用“您”称呼贾宝玉，但以她和贾宝玉的亲密关系，她绝不会用“您”称呼贾宝玉，但她一定会用“您”称呼王熙凤，这些都需要我们仔细区分人物关系，把不同的语气翻译好。

翻译《红楼梦》还要了解很多文化背景，这个过程让我们接触了中国传统文化的各个层面，收获特别大。比如书里提到中药，翻的时候要读中医相关书籍，了解这些中药到底指什么，明白为什么贾宝玉说女孩不应该吃某种药，应该给男孩吃才对；又比如翻到大观园，我们学到很多特别有趣的中国建筑知识，然后带着这些知识去参观格罗宁根（荷兰北部城市）附近的中国花园，就发现里面的设计很有意思。

另外，《红楼梦》里的一些东西荷兰语没有相应词汇，翻译的时候要“发明”一些词。比如“炕”，荷兰没有“炕”，没法翻译，我们觉得荷兰语应该接受这个词，所以只在书中第一次出现的时候进行了注释，然后就直接音译了。

至于书里的人名，主人的人名没有翻成荷兰语，仆人的人名翻成了荷兰语。其中最难翻的是“袭人”，我们琢磨了三年时间——这个名字要翻成荷兰语里听起来很漂亮、也很吸引人的名字。有时一个人觉得可以，但其他两个人觉得不行，只有三个人都同意才能放到书里。

中新社 荷兰语全译本面世后，荷兰媒体有书评表示“《红楼梦》是部兼具美感和深度的文学巨著”，中国也有专门研究《红楼梦》的“红学”，但您和其他两位译者多次表示，荷兰语全译本的目标读者是普通民众。如何平衡《红楼梦》的“深度”和译本便于普通读者阅读的“浅度”？

哥舒玺思 这是个好问题。我们也考虑过这个问题，最后进行了“取舍”。比如《红楼梦》里人名特别多，我们在每一卷后面都做了人物关系图，所有人名都在上面，读的时候随时可以翻到后面查看。

但因为这个译本是给普通读者看的，虽然翻译会失去一些东西，但我们决定不添加太多脚注。《红楼梦》里的人名有很多含义，当然可以添加脚注，可是当你读《红楼梦》，沉浸在它的世界里时，恐怕不太会关注人名背后的含义，而是迫不及待地想知道下一回会发生什么。

还有《红楼梦》里的诗句，含义很多，也有很多典故，某句诗可能跟李白、杜甫很有关系，这些我们都可以添加脚注。但对于一首10行或12行的诗，不能仅一行就加5个脚注，太影响阅读流畅度。

荷兰读者与中国读者不一样。《红楼梦》是中国文学巨著，很多中国人从小就知道《红楼梦》，看过《红楼梦》的电视剧。但在荷兰没有这个传统，读者根本不知道《红楼梦》，所以我们第一步是把《红楼梦》翻成荷兰语，便于普通读者阅读，然后再组织活动，比如举办讲座等，探讨《红楼梦》的“深度”。

中新社 现在荷兰语全译本已面世数月，您的感觉如何？读者的反应如何？

哥舒玺思 我挺惊喜。译本的反响比我想象的好，读者特别喜欢。首印全卖光了，出版社正在组织加印。

对荷兰读者来说，读《红楼梦》像走进一个完全陌生的世界。它是讲的18世纪中国很传统的封建社会，读者开始可能觉得一切都很陌生，不太理解书中人物的所作所为，但一般读到100页或150页后，会完全进入《红楼梦》的世界，被书中人物强烈吸引，“欲罢不能”，只能继续把书全部读完。

有读者在我的推特上留言，告诉我刚读完《红楼梦》，完全被《红楼梦》的世界迷住，现在在正式“告别”；还有北布拉班特省公立图书馆的馆长特别喜欢这本书，计划组织一系列活动，让读者深入了解《红楼梦》的背景；另有一些读者因为之前读过《庄子》的荷兰语译本，读《红楼梦》就联想到《庄子》里的一些细节。这让我觉得很有意思，他们先读《庄子》，再读《红楼梦》，可以说已对中国传统文化有所了解。

中新社 《红楼梦》作为文学巨著，可谓洞察中华文化的窗口。您认为荷兰语全译本对于向荷兰大众尤其是年轻人传播中华文化会起到什么作用？

哥舒玺思 它可以起到很大作用。普通荷兰人对中国传统文化不太了解，但是读《红楼梦》可以找到很多共鸣。比如书里住在大观园的女孩，心里知道美好的生活很快就会结束，因为要结婚，婚后也不知道会发生什么，可能命运会很悲惨。那种人生无常、对未来迷茫和焦虑的感觉尤其会令年轻人产生认同。

还有贾宝玉。家人对他的期望很大，我记得自己20多岁第一次读《红楼梦》的时候，想到生活带来的压力以及对未来把握不住的感觉，就对贾宝玉特别感同身受；当然还有书里浪漫的情节，比如希望谁和谁在一起，但因为各种原因一切落空，令人感觉写得很凄美。

着手翻译《红楼梦》后，我在莱顿大学汉学院开课讲授《红楼梦》的社会背景。有学生对《红楼梦》与佛教、道教的关系很感兴趣，有学生分析王熙凤在荣国府的地位，有学生对书中的妇女地位很感兴趣，还有学生因为兼修法学，分析了书里涉及的清朝法律。

此外，《红楼梦》对日常生活的描写非常写实，荷兰读者可以通过书里的细节了解当时中国贵族的生活，比如有读者读完《红楼梦》后的反应是“不可思议”，告诉我虽然书里的那些人觉得自己很寂寞，但他们身边都围着仆人，穿衣、吃饭甚至喝茶都有人伺候，屋子里的人肯定很多，这样的观察视角连我都没想过。

中新社 就学术层面而言，荷兰语全译本对荷兰翻译界乃至汉学界有着怎样的意义？

哥舒玺思 我觉得这本书的一个贡献是告诉大家，可以把《红楼梦》这样的巨著翻出来，因为荷兰翻译界有时存在“某某书不可翻”的说法，以前很多人认为《红楼梦》“不可翻”。

对我们三位来说，也讨论过是不是交给一个人去翻，后来觉得《红楼梦》太复杂，一个人翻可能就垮了，两到三个人都行，但四个人又太多。我们每个人都有擅长的地方，马苏菲擅长翻译诗词，林恪翻译过《围城》等很难翻的文学作品，我擅长研究中国传统文化和中国历史，对文言文也比较了解，所以我们三个人就开始合作。荷兰语全译本《红楼梦》面世后，还有很多中国文学乃至世界文学巨著有待翻成荷兰语，我们要继续努力。

从文学的角度看，荷兰语全译本对推动世界文学多元化发展也可以起到作用。荷兰读者读完《红楼梦》后，可能会对其他中国文学作品产生兴趣，愿意去读这些作品的荷兰语版，这会是很好的现象；还有《红楼梦》的电视剧，如果在荷兰能看到这样的电视剧，我相信很多人都会看，然后说不定就会去读《红楼梦》。

总的来说，我认为通过文学作品了解另一种文化和另一个世界十分值得。

我上课时经常说，很多学生不一定喜欢中国文学，就像很多荷兰学生对荷兰文学也不感兴趣。我希望我的课程能培养他们对中国文学的好奇心，未来他们就有可能从这颗“好奇心”出发，从事翻译工作或者在外交部门、文化机构工作，为推动中西文化交流互鉴做些事情。

（记者　德永健）

松冈荣志：中国古典文学如何在现代日本“着陆”？

松冈荣志

松冈荣志（Matsuoka Eiji），日本国立东京学艺大学名誉教授、日中翻译文化教育协会会长、日中青年国际交流协会理事长，现任北京师范大学、华东师范大学、西安交通大学等12所大学客座教授、外文出版社日语顾问，上海交通大学海外汉字文化研究中心学术顾问等。1986年到1987年在北京日本学研究中心任主任助理、兼任教授，2007年到2008年于该中心任主任教授。主编《超级皇冠汉日辞典》《汉字海》等辞典和字典，撰写《在北京的街头上》《日本的汉字·中国的汉字》《汉字·七个故事——中国文字改革100年》《历史书的文体》等书。译著有陈原《语言与社会生活》、王瑶《中古文学史论集》以及《中医大辞典·医史文献分册》等。2015年翻译《诗经》全文、2017年翻译《宋词选》（大中华文库，外文出版社，北京）。

“日语中的许多格言和谚语都取自中国的经典……这些作品被译介到日本，被许多日本人阅读，成为日本读者憧憬和亲近中国的基础。”

中日文化交流历史悠久、范围广泛。历史上，日本曾多次派出“遣唐使”学习中国文化，至今仍被人津津乐道。新冠疫情期间，日本援助中国的物资上写有“岂曰无衣，与子同裳”以及“山川异域，风月同天”等诗文，令人动容。中国古典文学如何打动现代日本读者？

日本国立东京学艺大学名誉教授、日中翻译文化教育协会会长松冈荣志畅谈跨文化视域下的翻译技巧时指出，日中文学相互影响，优秀的文学与学术翻译对促进日中文化交流有重要贡献。

中新社 您作为《诗经》与《宋词选》日译本的翻译，参与了“大中华文库”系列丛书的翻译工作。该丛书采用中外文对照的形式，对中国历代文学经典著作进行介绍。过去，也有日本学者尝试将《诗经》译成日语。有人采用“训读”，有人采用“音读”。而您为何选择用现代日语翻译《诗经》？

松冈荣志 我翻译《诗经》时，首先想到的是读者，特别是现在和未来的读者。当我们的子孙与《诗经》邂逅，他们会读到一个怎样的译本？以《国风》为例，它由当时中国各地的民谣构成。比如《郑风·溱洧》，它描写了年轻男女嬉闹的样子，表达了恋爱的悸动心情。如果用语气生硬的“训读”来翻译，就很难准确地传达作品的情感。因此，我选择用现代日语翻译《诗经》。值得注意的是，还是要考虑文体对翻译的影响。《雅》《颂》中的诗歌与《国风》中的民谣不同，它们是庄严肃穆的庙堂之声。在翻译《国风》时，我多使用柔和感性的和语词汇，多用平假名；而在翻译《雅》《颂》时，我使用更多的汉字与汉语词汇，以表现庄重之感。

中新社 《诗经》与《宋词选》都是诗歌体裁的作品，而韵律对于诗歌来说非常重要。您认为中日在诗歌韵律方面有哪些异同？您在翻译过程中如何平衡差异带来的影响？

松冈荣志 众所周知，日本诗歌主要以“五七调”为主，简单来说就是五个字和七个字的组合。而中国的绝句与律诗也有“五言”“七言”的说法。我想，两国的诗歌在节奏上是相近的。但日语的元音和辅音相对较少，所以在音调上容易变得单调。另外，日语的声调也与中文的平仄不同。日语是单音节语言，所以日文诗歌的韵律难免会有缺乏变化之感。

如果用古典日语翻译诗歌，节奏问题或许更易处理，但理解上的问题便会随之而来。而我的现代日语译法虽易理解，却也不好处理韵律问题。不过，我依然希望译诗能保持一定的节奏感。在翻译的过程中，我曾邀请数名青年师生来阅读我的译诗，并多次就诗的节奏问题进行交流。值得一提的是，我翻译的《宋词选》中还暗含了日本20世纪60年代到90年代歌谣曲的旋律，年长的读者或许可以会心一笑。

中新社 中日两国的文化相似却不同，在《诗经》与《宋词选》的翻译过程中也难免会遇到无法一一对应的概念。您是如何处理的呢？

松冈荣志 这很难简单解释清楚，即使在中国，也有许多概念会随着时代而变化。《诗经》中对不同类型的马根据其身体的颜色、鬃毛等进行了详细的分类。很遗憾，我没能将这些内容完全呈现出来。在翻译《宋词选》时，我会思考，该如何将原文中托物言志、写景抒情的句子准确地传达给日本读者。比如柳永《雨霖铃》中的“寒蝉”一词，如果直译，就很难表达出蝉鸣的氛围感。于是我在“寒蝉”前补充了日本蝉鸣的拟声词，让日本读者更容易感受到夏末时分的寂寞之感。而“暮霭沉沉楚天阔”这句，我尝试将风景与作者的情绪相结合——“楚地的遥远”与“离别的泪水”两种因素重叠在一起，使作者看不清“楚地”的样子。

中新社 我们了解到中国唐代诗人白居易的作品在日本非常受欢迎，日本古典名著《源氏物语》在创作上也受其影响。在您看来，白居易为何能打动日本读者？如何理解不同文化在文学创作上的相互影响？

松冈荣志 日本的环境和气候与中国的南方地区相似。日本植物学家中尾佐助将这种风俗、文化和思维方式的相似性描述为“照叶树林文化”。也许是因为风土相近，所以读者更容易与诗人产生思想共鸣。确实，像陶渊明、李白和苏轼这样在中国南方地区成长或度过童年的诗人，他们的作品一直很受日本读者欢迎。

日中两国的文学也确实相互影响着。一千多年来，日本一直在学习中国文化。日本留传至今最早的正史《日本书纪》的开头部分，几乎逐字逐句地取自中国汉代典籍《淮南子》。日本最早的诗歌总集《万叶集》也受到了中国《诗经》的影响。而清末，留学日本的中国学生人数增加，反过来又向中国介绍了大量的日本文学作品。我们熟知的鲁迅、郁达夫、郭沫若等人便受到了日本近现代文学的启发，创作了许多具有新视角和新风格的文学作品。

中新社 您觉得文学在促进两国交流、民间交往中会发挥何种作用？

松冈荣志 日语中的许多格言和谚语都取自中国的经典。日本初高中的日语教材中也常出现鲁迅的作品，比如《故乡》和《藤野先生》。这些作品被译介到日本，被许多日本人阅读，成为日本读者憧憬和亲近中国的基础。这便体现出翻译的重要性，优秀的文学与学术翻译对促进日中交流起到了重要作用。我们日中翻译文化教育协会的目的也是如此——通过培养优秀的翻译人才来促进日中两国的交流。

（记者 苏婧欣）

朴宰雨："迅哥儿"和"闰土"为何让我产生亲近感？

朴宰雨

朴宰雨（Park Jae Woo），首位被聘任中国"长江学者"讲座教授的韩国文科教授，也是国际鲁迅研究会会长，并担任陕西师范大学人文社会科学高等研究院特聘研究员、中国社会科学院期刊《当代韩国》韩方主编等职务。主要著作包括《史记汉书比较研究》《韩国鲁迅研究论文集》《20世纪中国韩国人题材小说的通时性考察》《中国当代文学考察》等，让更多的韩国人了解中国现代文学奠基人鲁迅，了解中国现当代文学。

"韩国一些人文学者没有把鲁迅当成外国作家，觉得他和我们的生活有关联。"

20世纪20年代，鲁迅的作品被介绍到韩国。100多年来，随着韩国社会的发展，韩国学界对鲁迅的研究从未中断，并带有深刻的韩国历史和政治烙印。有观点认为，韩国正成为研究鲁迅最多、最深入的国家之一。鲁迅为何在韩国有如此影响力？其作品为何能激起韩国人共鸣？

韩国汉学家、国际鲁迅研究会会长、中国长江学者讲座教授朴宰雨介绍了韩国鲁迅研究的历史脉络和现实意义，并就当下中韩人文交流提出了建议。

中新社 您当时是因为什么契机选择研究鲁迅作品？您最喜爱鲁迅哪部作品？

朴宰雨 20世纪70年代初，我进入首尔大学中文系。当时韩国社会还处在以“维新体制”名义延长军人独裁的状况，在当时看来，社会经济上的垄断和腐败问题非常严重。这样的情况下，我接触到了鲁迅文学。我应学校报社约稿写了一篇关于鲁迅文学思想的文章。鲁迅作为“精神战士”的形象打动了我，使我产生深刻共鸣，这也成为改变我命运的转折点。

后来写作本科毕业论文时，我选择了鲁迅的作品来研究。之后我到中国台湾留学，研究了鲁迅推崇的古典文学作品——司马迁的《史记》。博士毕业之后，我继续做鲁迅文学和中国现当代文学、韩中文学比较的相关研究。2011年，我与国际上很多研究鲁迅的同行、朋友在鲁迅的故乡绍兴成立了国际鲁迅研究会。我因受到鲁迅的影响开始研究中国古典文学，并且借此打下了文言文基础，现在又回到鲁迅文学的研究领域。我认为与鲁迅先生做到了心与心的沟通，对此倍感欣慰。

在鲁迅的作品中，最让我有共鸣的是《故乡》。《故乡》描写的是农村。鲁迅笔下的农村和我的故乡锦山的农村很相似。我和文中的“迅哥儿”一样，成长在乡村，后来到大城市上学。我也有和“闰土”一样的玩伴，他们中的一些人现在还在农村。《故乡》里冬天下雪捕鸟的场面，也是我的儿时经历。还有他描写母亲卖掉大房子要去北京时的心态，或者神情表现，我在我母亲的神情里也看到了，非常亲切。他提到的很多农村社会的矛盾，或是传统封建观念的负面影响，我也非常有认同感。

中新社　鲁迅及其作品在韩国的影响力如何？其作品在韩国的传播经历了怎样的发展历程？

朴宰雨　从1921年初鲁迅的名字首次被介绍到韩国，100年已经过去。韩国这一百年来接受鲁迅的历史，大概可分为六个阶段：

第一阶段是1921年到1945年。那时韩中两国都处在被日本帝国主义侵略或控制的时期，韩国国内很少有人翻译鲁迅作品，都是一些在北京或者上海留学的知识分子对鲁迅进行评论和介绍。例如，致力于抗日独立运动的民族诗人李陆史在鲁迅去世的时候写了一篇哀悼文，用这样的方式表示支持和认同。

第二阶段是1945年到1950年，是一时露面期。此时韩国经历了美军政时期及李承晚总统执政，国际进步思想也不断引入民间，大家在摸索韩国的新出路。在这个过程中，鲁迅先生的短篇集韩文版第一次出版，首尔大学文学院也曾举办鲁迅去世11周年演讲会。在中国以外的国家为鲁迅去世办演讲会，实属不易。此外，高丽大学戏剧艺术研究会把《阿Q正传》进行编剧表演，也是难能可贵的。

第三阶段是1950年朝鲜战争爆发到1979年，是潜迹期和长期开拓期。1963年，鲁迅《呐喊》和《彷徨》里的作品在韩国得以翻译出版。1974年之后，这样的翻译作品逐渐增多，韩国学界也慢慢出现关于鲁迅的研究。

第四阶段是20世纪80年代，是活泼成长期。中国开始改革开放，韩国社会变化也很大，经济活跃起来。1987年前后，鲁迅的杂文被翻译引进韩国。另外，更加重要的是鲁迅对韩国社会民主化运动的影响。韩国的李泳禧先生是当时先进知识分子兼社会活动家代表，后来被称为“韩国的鲁迅”。他用鲁迅的杂文深刻揭露和批判当时韩国政治与社会的种种矛盾。鲁迅通过李泳禧的巨大影响，被韩国广大知识分子与学生真正接受，影响力不断扩大。

第五阶段是20世纪90年代，是成长扩展期。这个阶段重要的一点就是有关鲁迅的博士论文陆续出现，鲁迅的杂文也慢慢开始普及。

所以，在韩国社会发展的不同阶段，鲁迅有着不同的时代意义，不断给民众和知识分子带来“希望”。中文学者的介绍，使韩国很多知识分子和民众认同鲁迅的话，许多青年看到鲁迅的文章受到鼓舞和启发。当年的这些青年也成长为韩国民主化运动领袖，活跃在韩国各个领域。

进入21世纪，则到了第六阶段——平淡的扩大深化期。在这个阶段，我们走过了对鲁迅的热情认同，开始静下心来坐在书桌前做研究。这20多年最重要的成果是《鲁迅全集》韩译本20卷的完整出版。这是海外第二版《鲁迅全集》，对鲁迅在韩国的普及和传播有很好的影响。此外还有《中国鲁迅研究名家精选集》10卷韩文版的出版，成为韩国鲁迅学界的参照系。

中新社 现在韩国的青年人如何认识鲁迅？您认为鲁迅精神在当下有哪些现实意义？

朴宰雨 韩国的高考课程里有论述考试，考生们都需要了解世界名作和文学经典。鲁迅一定是中国现代文学的重要部分。鲁迅的《阿Q正传》和《故乡》曾经入选韩国教科书，准备论述考试时也一定要了解。所以21世纪的韩国学生，只要读过高中就一定听说过鲁迅。他们也知道阿Q的形象，并且在日常生活中常用“精神胜利法”等表述。媒体也经常引用“地上本来没有路，走的人多了，也便成了路”这句话。

正如我之前所说，现在韩国对鲁迅的研究已经不同于日本帝国主义时期和军部政权统治时期，虽有些淡化，但鲁迅的批判精神依然有现实意义。鲁迅的批判不仅对社会、对他人，还包括对自我和民族的反思，这个非常重要。

韩国一些人文学者没有把鲁迅当成外国作家，觉得他和我们的生活有关联。我们会引进鲁迅作品里的片段和画面，当作是生活的一面镜子；也通过引进鲁迅文学，思考如何解决韩国现实中的某些问题，也就是要应付韩国社会生活与观念上的某些矛盾，重新解释鲁迅的作品。比如我们会以韩国人的视角，重新解释阿Q与“精神胜利法”。阿Q虽是辛亥革命时期中国农民的典型形象，但其“精神胜利法”又是人类普遍性的一种体现。同样，同时代韩国人里面也有阿Q，有过怎样从阿Q变成自己命运的主人的讨论。不过，在21世纪复杂多元的社会里，对“精神胜利法”的解释，也包括正反两面，有些人认为这是弱者自我欺瞒的生存战术，也是社会上“甲乙”关系中“乙方”的“精神健康法”。

中新社 *2022年是中韩建交30周年，您如何看待文化交往对发展两国关系的作用？在促进中韩文化交流方面，双方应该作出哪些努力？*

朴宰雨 韩中两国早在很久之前就有了交流，我们当时很期待韩中两国建交，可以开展正式的交流，现在转眼就到了建交30周年。这30年间，韩中的文化交流发展十分迅速和广泛，民众之间的交流也非常活跃，所以我认为两国民众在心理上没有大的障碍。当前韩中一些年轻网民在某些话题上有争议，但是这些小小的冲突不应成为主流。我们应该发挥正能量作用，求同存异，达到你中有我、我中有你的境界，继续坚持人文交流，以民心相通促进两国政治层面的友好往来。

具体到我本人的计划，我从2021年年初开始参加“亚洲经典著作互译计划”，该计划由中国国家主席习近平在亚洲文明对话大会上提议。我担任韩中专家委员会的韩方主席，我们与中国相关单位合作推进人文经典的互译事业。目前我们已同中方举行了几次线上会议，大概决定了本年度要翻译的两国各5部书籍，涵盖文化、文学、美学等领域，希望能以这样的交流活动推动韩中文化互通。

（记者　刘旭）

大山：中国相声界“洋面孔”如何笑贯中西？

大山

大山（Mark Rowswell）是中国观众非常熟悉的加拿大友人。他拜著名相声表演艺术家姜昆为师，学习相声并成为各类电视节目和大型活动的双语演员。

除了舞台表演，大山也积极为中西方文化交流牵线搭桥。从2008年北京奥运会的“加拿大奥委会特使”，到2010年温哥华冬奥会的“中国媒体代表团成员”，再到2010年上海世博会的“加拿大总代表”，大山逐渐成为一位中外友好使者。

2006年，大山被授予加拿大公民最高终身成就奖“加拿大勋章”，2012年被加总理授予“加拿大中国亲善大使”称号，2018年被阿尔伯塔大学授予文学博士荣誉学位。

“作为一个外国演员，我面对的大部分是中国观众，其实一直都在差异中追寻和感受共通的东西。事实证明，我们‘心有灵犀一点通’。”

1989年中央电视台元旦晚会上，一位来自加拿大的留学生出现在小品《夜归》中。金发碧眼的“大山”穿着军大衣，一口带“洋腔”的普通话给观众留下深刻印象。自此，这位“大山”便和中国结下不解之缘。

大山其后师从著名相声表演艺术家姜昆，成为第一个正式拜师的外籍相声演员。近年来，其自创节目《大山侃大山》推出，受到众多中国观众喜爱。

自称“多年来一直在中西文化环境里来回折腾”的大山讲述了他对相声表演、中西方喜剧异同、东西文化交流的见解。

中新社 作为一个加拿大人，您是如何与中国相声“初遇”并与之相伴几十年的？

大山 1988年我到北京大学留学。因为此前已在多伦多大学学了4年中文，比一般留学生汉语水平稍高一点，北大的老师推荐我参加中央电视台元旦晚会。《夜归》这个小品有点“歪打正着”，成了我的成名作。“大山”这个名字也是从小品里来的。正是这台晚会让我第一次接触到相声，参与两对“黄金搭档”的节目，一对是姜昆和唐杰忠，另一对是侯耀文和石富宽。

以前在海外学中文都是学教材，第一次接触这么生动而有滋味的语言艺术表现形式，我一下就被吸引了。意想不到的机会来了以后，我欣喜地发现可以正式学习相声，于是拜姜昆老师为师，同丁广泉老师合作。

就这样我边学习边演出，一直到20世纪90年代末。最初我们的节目靠新鲜感收获关注：洋人说土话，还会说绕口令、唱两句京剧……但这些都是很表面的东西，认真背词练一练就行。当“大山”在中国成为公众人物时，我觉得更需要从内容上突破。

多年后我以单口形式返回喜剧舞台，开始创作“大山侃大山”，以这种方式跳出过去“老师vs学生”的模式，打破之前的“瓶颈”。《大山侃大山》介于“脱口秀”和单口相声之间，有相声元素，也有“脱口秀”特色。我一直希望把自身文化背景中的一些元素带进来，进一步丰富相声。

中新社 您认为相声的魅力在哪里，与西方传统的单人喜剧有何不同？

大山 在我眼中，相声最突出的魅力在于它的感性。追求情感上的交流是很高的境界，别小看演出中的逗大家一笑，笑声意味着表演者和观众有了共鸣。

有一个特别触动我的事情：姜昆老师在一个节目里讲到自由市场时说，“鸡蛋诚可贵，鸭蛋价更高。要买松花蛋，还得添五毛”。词儿一出来，观众哄堂大笑。

都是“大实话”，为什么可笑？因为它套用了裴多菲的诗句“生命诚可贵，爱情价更高。若为自由故，二者皆可抛”。这段词就是喜剧艺术的跨文化混搭，特别智慧。

中国相声是一种高度个体化的艺术表演形式，独具特色又讲究传承；西方单人喜剧是西方口头喜剧表演的普遍形式，是一种松散的表演风格，演员更能在舞台上自如发挥。

与西方喜剧相比，中国相声多了两个层面的内容：一是有技术要求，比如贯口等语言技巧表演；在一些传统节目中，观众要品评演员技巧的呈现，西方喜剧对这方面不太重视。二是文化传承，西方喜剧更关注当下，几乎没人表演几十年甚至上百年前的传统段子；但对相声而言传统内容很重要，观众会以艺术欣赏的眼光看表演是否正宗。

中新社 各类艺术中，喜剧对观众文化习惯的要求相对较高，您怎么看中外大众喜剧艺术间的融合？

大山 与音乐、戏曲、戏剧等艺术形式相比，喜剧表演更需要观众主动用笑声参与，对观众文化习惯的要求更高。

比如，相声传统节目《歪批三国》，就建立在观众熟悉《三国演义》的基础上，在这个前提下才能理解其中的“歪批”。西方也有很多经典喜剧段子“歪讲”《圣经》里一些人们耳熟能详的典故。

如今喜剧更少聚焦语言技巧或传统故事，转而更多讲述当代日常生活，更容易超越国家界限。中外大众喜剧艺术的差异正在减少，主要归因于互联网的发展。越来越多年轻中国观众通过网络接触到西方单人喜剧，中国本土产生的单人喜剧形式“脱口秀”正快速发展。

相声仍然受中国观众的喜爱，一些表演者能在中外两种表演风格中自如切换，有时他们会采用“脱口秀”的自由形式，有时会回到相声的传统形式。“脱口秀”的发展为沟通中外喜剧表演艺术提供了独特机遇。

中新社 您曾说《大山侃大山》是东西方文化的混合体。您认为理想的“东西方文化混合”是什么样？

大山 《大山侃大山》形式上偏西式，因为我在有意跳出以前表演的固定模式。

作为一个每次60分钟的专场表演，《大山侃大山》从头到尾有完整结构，以自传体讲故事，有明确逻辑。既不同于单口相声整段讲一个故事，也不同于西方单人喜剧的纯“散装”讲述。

如果和现在流行的“脱口秀”比，其实我还是在以相声表演经验和观众交流。虽然在舞台上没有典型的相声腔，但长期受相声熏陶，一站上舞台我依旧带着原来的习惯。我的语言不像一些年轻“脱口秀”演员那么生活化，而是有设计、有节奏，“铺平垫稳”，比如有规律地甩包袱。这都让人觉得“有相声味道”。

我希望通过中外两种表演艺术形式，实现与传统的结合，形成一种新型表演形式，通过创新为相声艺术作出一点贡献，以喜剧为媒促进中外更紧密的交流。

中新社 在中国，大山被认为“是外国人，不是外人”。多年来您对中国和中华文化积累了怎样的认识？外界有时对中华文化存在一些误解，您对此怎么看？

大山 我很喜欢“大山是外国人，不是外人”这句话。我出现在大家面前的时候，中国正走向世界，世界也在走近中国，可能我的出现也是当时文化交流现象的一个符号。

我现在常录制一些中国古诗词朗诵的视频，这背后是对中华传统文化的长时间学习、尊重、了解和热爱。

事实上，不同文化在最初接触时，人们看到的都是差异。但差异不是坏事，某种程度上会带来彼此吸引。我生活在东西文化之间，越来越体会到长时间生活在两种或多种文化环境中，会更多感受到文化的共性。很多东西从表面看会觉得不同，但进一步了解就会发现其实背后很多东西是共同的，只是表现形式不同、习惯轨迹不同。

在我看来，与其说是差异造成了问题，不如说是包容度、接受能力的问题。这些年我一直在研究东西方幽默的不同。在中国，南方人、北方人的幽默感有差异；在欧洲，英式幽默和法式幽默也不同。各地都有自身特色，深入了解就会发现，幽默的本质还是相通的，完全可以互相理解。

这是我作为一个在中西文化环境里“来回折腾”的人的真实想法。喜剧表演需要在演员和观众之间找共鸣。作为一个外国演员，我面对的大部分是中国观众，其实一直都在差异中追寻和感受共通的东西。事实证明，我们“心有灵犀一点通”。

（记者　高凯）

冯浩烈：一战停战纪念日，为何要永久铭记一战华工？

冯浩烈（Philip Vanhaelemeersch），比利时知名汉学家，西弗兰德大学孔子学院外方院长。长期致力于研究一战华工历史，多次赴山东、河北等地寻访一战华工后代，先后翻译出版一战华工顾杏卿的著作《欧战工作回忆录》和一战华工孙干及其后代的回忆录《华工记》。

冯浩烈

“西方有观点认为，如果没有华工，协约国赢得一战胜利的时间很可能推后。”

11月11日是第一次世界大战停战纪念日。1918年的这一天，协约国代表和德国政府代表签署停战协定，终结自1914年爆发的惨烈战争。

1916年至1918年，约14万中国劳工远渡重洋来到欧洲战场，在英国、法国等协约国军队从事挖战壕、修工事、筑路桥、救助伤员、掩埋尸体、清理战场甚至扫雷等艰苦繁重的战地后勤工作，这一群体，现被研究一战历史的学者统称为“一战华工”。

一战华工不是军人，却“以铲代枪”，为协约国赢得一战胜利乃至战后重建作出巨大贡献，其间近两万人献出生命或下落不明。现任联合国教科文组织副总干事、前中国驻比利时大使曲星曾感言，很多华工都是不识字的农民，来到欧洲战场每天工作12个小时以上，几乎得不到休息，“一个人每天挖一米战壕，14万人每天就是140公里；一个人每天只扛一颗炮弹，14万人每天就是14万颗炮弹……”，在欧洲战场关键时刻，一战华工就是战争天平上的关键砝码。

面对当时积贫积弱的祖国，一战华工抱有强烈的爱国情怀。得益于一战华工的付出，中国能以战胜国的身份参加1919年的巴黎和会，然而巴黎和会无视中国战胜国的身份，为此一战华工和中国留学生一道，包围巴黎和会中国代表团的驻地，阻止签署出卖中国利益的《凡尔赛条约》。英军在比利时举办战胜国运动会，会场上其他战胜国的旗帜都有，唯独没有中国旗帜，受邀参加的一战华工当即提出抗议。

以血肉之躯作出巨大贡献，一战华工本应被永久铭记，却曾被长久轻视甚至遗忘。一战华工史专家、比利时西弗兰德大学孔子学院外方院长冯浩烈细述了一战华工的贡献及其为中欧交流合作留下的宝贵财富。

中新社 在西方学界，一战华工曾经很长一段时间被人遗忘，背后的原因是什么？

冯浩烈 有一个技术原因，就是研究一战历史的专家大多不懂中文。其实在法国、比利时等地的一战遗址，很多地方都有一小块“中国角”（Chinese Corner），散落着一战华工的墓碑，上刻名字、籍贯和个人编号，如果不懂中文，就无从了解这些信息，导致缺失深入研究的详实史料。

另一个原因是观念上的误区。一战华工不是军人，虽然也在战地，但不在前线直接参战，属于战地后勤人员，很多研究一战军事史的专家觉得他们不太重要，没有把一战华工纳入研究视野。

特别是有人把一战华工视为苦力，觉得他们面孔模糊，只是一个笼统形象，如同在港口码头扛包的工人。虽然一些华工也做类似的工作，但很多一战华工是技术工人，来欧洲之前就掌握了技能，在欧洲战场能修机器和坦克，更不要说那些有文化、懂外语的随团翻译。一战华工有自己的故事，有自己的思想，把他们视为苦力是非常片面和不准确的。

中新社 现在一战华工的历史地位日益得到认可，他们为协约国赢得一战胜利作出了哪些贡献？

冯浩烈 一战期间英法等协约国也从印度、埃及、南非等国招募劳工，而从中国招募的劳工约有14万人，在外籍劳工中位居前列，可以说没有华工，一战历史是不完整的。

一战华工不是军人，没有直接参战，但他们可能每天都在影响战争进程。1916年一战华工来到欧洲战场时，惨烈战斗令协约国的兵员严重不足，如当年索姆河战役一天就牺牲好几万士兵，华工弥补了协约国急需的人力，提供了至关重要的后勤服务。因此西方有观点认为，如果没有华工，协约国赢得一战胜利的时间很可能推后。

一战结束后，由于运力等原因，华工们等了几个月才得以启程返乡，最后一批约是1919年回国，其间他们参与清理战场等战后重建，继续为协约国作出贡献；当然，有些华工最后留在法国，成为法国最早的中国移民群体。

中新社 您曾翻译出版一战华工顾杏卿的著作《欧战工作回忆录》；2018年11月11日，在法国巴黎纪念一战停战100周年仪式上，一名华裔女孩用普通话朗读了顾杏卿在百年前那天所写的日记，您怎么看这个举动？

冯浩烈 我亲身参与了筹备工作。纪念庆典组委会通过法国一位纪录片导演找到我，想让代表不同种族的年轻人朗读与一战停战有关的文章，且必须是11月11日停战当天写的东西。顾杏卿的回忆录刚好有一章讲停战，包括停战当天的日记。我将这部分内容发给了组委会。

11月11日庆典当天，我没去巴黎，而是按计划与我们孔子学院师生去了欧洲最大的一战华工墓园——法国滨海努瓦耶勒市的诺莱特华工墓园，与当地华侨华人一起缅怀，其间收到了华裔女孩朗读顾杏卿日记的现场照片。

我当时特别感慨：一边是巴黎，盛大场合向一战华工致敬，多数华工其实没去过巴黎；另一边是我们在一战华工墓园缅怀，那天可说是铭记一战华工极有意义的一天。

中新社 2017年，您翻译出版了另一位一战华工孙干及其后代的回忆录《华工记》；孙干赴欧前是一位私塾先生，有学者认为像孙干这样有学识的一战华工，打开了中国人认识世界的一扇窗，您对此怎么看？

冯浩烈 翻译孙干和顾杏卿的回忆录时，中国人对外部世界的好奇心给我留下深刻印象。孙干在工作之余常去法国的小学观摩旁听，记录了很多课堂细节；顾杏卿在回忆录中写了很多生活小事，比如比利时人怎么喝啤酒、法国人怎么穿衣服等。刚开始我觉得，这值得翻译成荷兰语吗？后来发现它的意义是反映了中国人渴望认识世界的热情。

1919年孙干回到山东乡下老家，经常有人找他讲讲在欧洲工作和生活的见闻，听到的人再讲给别人听，可能几千人通过孙干对西方有所了解，满足了对西方的好奇心；这些人一辈子都没机会出国，甚至连省城都没去过，正是通过孙干的讲述，打开了认识世界的一扇窗。

孙干后来在村里创办学校，教书育人，把在欧洲工作生活的经历讲给学生听，有点类似现在孔子学院的老师告诉学生中国的样子。这是实实在在的中西方文化交流。

中新社 您曾表示，一战华工是欧洲与中国联系的重要纽带，为欧洲和中国交流合作留下宝贵财富，您能否详细阐述这一观点？

冯浩烈 我们一直谈“交流”和“合作”。我认为交流可以很简单，比如两个人坐到一起沟通，合作则是为了达到同一个目标一起工作，可能比简单的交流更重要。

一战华工，可算是中国重要的一批派往海外的劳工。此前虽有中国人出国务工，但完全不是正常的劳工关系。一战华工的情况当然也不“正常”，那时正值战争，但英国在招募一战华工时也提供了劳动合同，这是以前没有过的。在我看来，一战华工开启了中国劳工海外务工的新篇章。

到欧洲后，一战华工虽然多数时候从事繁重工作，由欧洲当地人监工，但大家一起工作，某种程度上还是出现了“合作”的萌芽，形成了“合作”的初级形态，我认为这为日后欧洲与中国的交流合作奠定了基础。

（记者 德永健）

艾维他：为何说传统中药对现代药物研发是一座宝库？

艾维他（Evangelos Tatsis），来自希腊，中国科学院分子植物科学卓越创新中心研究组组长，2019年获英国皇家学会牛顿高级学者基金支持。他在阐明及解析中药天然产物生物合成的代谢途径方面具有重要贡献，在《自然-通讯》等国际期刊上发表论文18篇。

艾维他

"不管何时，人类都有从植物中寻找到药物的可能性。我认为，从中药里还能发现更多现代药物。"

希腊科学家艾维他2016年选择来上海，担任中国科学院分子植物科学卓越创新中心研究组组长，研究传统中药成果，完善现代药物分子的数据库。这位希腊科学家为何不远万里来中国做研究，且认为中国传统医药对现代药物研发是一座宝库？

中新社 中国首位诺贝尔生理学或医学奖获得者、药学家屠呦呦多年从事中药、中西药结合研究，创制新型抗疟药青蒿素。您如何看待她从中药“寻宝”的过程？

艾维他 据我所知，屠呦呦女士从古代中医方剂著作《肘后备急方》中发现了治疗疟疾的中药药方。这本著作可以追溯到公元3至4世纪。屠呦呦追溯这个药方，发现黄花蒿的提取物有抗疟疾的效果。

从有千年历史的中医著作中发现现代药物青蒿素的线索，之后青蒿素被视为抗疟疾第一药物，这一过程太了不起了。这也反映了不管何时，人类都有从植物中寻找到药物的可能性。我认为，从中药里还能发现更多现代药物。

中新社 中药由中医理论指导，用于预防、治疗、诊断疾病，并具有康复与保健作用。其中以植物药居多，有“诸药以草为本”之说。您为何选择研究中药？

艾维他 传统中药对人类是一座宝库，因为中国传统医学是个大系统，广收博采，科学分类，对中药资源记载详实，对疗法描述丰富，对不同疾病的作用和不适用情况均有详细录入。

中药对现代药物发展有重要启示：

首先，西药主张研究单一成分的治疗作用及副作用；中药主张综合用药，每次用多种成分。由此可见，对于同一疾病，可以用不同的药作用于身体不同部位，以达到整体疗效。类似药物被称为“鸡尾酒药物”（综合多种成分的药物）。若单种药物作用不明显，或许可以从中药里汲取灵感，综合提取治疗同一疾病但作用不同的多种成分，研制出现代复合型新药。当然，这需要复杂的研究及高昂的投入。

其次，可以从中药里学习“定制化”。中药很多处方是“量身定制”，这种理念或许会影响现代医药的未来走向，实现针对不同病人定制不同处方。

中新社　传统中医是建立在几千年临床实践基础上的诊疗方法，成书于战国和秦汉时期的《黄帝内经》奠定了中医基础。世界卫生组织2018年首次将中医纳入其具有全球影响力的医学纲要。您怎么看中西医药之别?

艾维他　我不想以地域或文化来界定药物发展，因为在生物学的终端，我们都只是人类，是同一类生物。

在我看来不存在“传统中医”和“西医”的区别，关键在于药物的传统与现代之别。我们对比的是传统的、以经验为主的研究方法与现代的、更重视实证的科学研究之间的差别，无论是传统中国药物，还是传统希腊药物，抑或是传统印度药物。

传统中药对人类是宝贵财富。未来，如果能看到现代药物中出现传统的中药元素，中国人也会很骄傲。但未来要让世界接受“中国药”，不仅关乎药物，也关乎对文化的接纳度，这并不容易。

中新社　2014年，中国科学院与英国约翰·英纳斯中心签署战略合作协议，5年内共同投资1200万英镑建立中国科学院–英国约翰·英纳斯中心植物与微生物科学联合研究中心（CEPAMS）。CEPAMS向全球发布了“英雄帖”，吸引全球顶尖科学家加盟。您为何决定来上海?现在您在中国利用中药具体研究什么?

艾维他　中国这些年发展很快。我来中国做科研有三方面原因：其一，我想成立自己的研究组进行实践，有些实践在中国更容易实现；其二，中国的科研这几年发展特别好；其三，中国植物种类繁多，研究资源丰富。

我们的国际化研究组里共10人。除了中国科研人员以外，还有来自希腊、以色列、巴西、葡萄牙、波兰的外国科研人员。

研究组目前有两个项目得到了上海市政府资助。我们在同英国约翰·英纳斯中心合作时，发现了一种具有抗癌作用的分子，未来有可能打开抗癌药物的研发新方向。这一类分子的应用在中国传统医药中有迹可循，但至今仍未有人系统研究过其药用价值。

我印象里这类植物只生长在中国或其他亚洲国家。我们的研究方向有两个：一是通过植物提取，了解其中具体抗癌的成分；二是如何从基因上利用该植物以获取更多此类成分。我相信，对“中药植物”深入研究，不仅可以造福中国，更将造福世界。

中新社 希腊与中国都是有悠久历史文化的国度，古代西方国家的医学体系起源于古希腊。希腊有没有自己的传统药物，又如何走向现代化和国际化?

艾维他 我来自希腊，一个像中国一样有着悠久历史的文明古国。在古代希腊，人们受到疾病折磨，也向自然界寻求治病药物。

我认为最好的药物来自植物。从古至今，植物都被用于治疗基本疾病。无论是在文化历史还是宗教信仰中，我们都能找到植物药用的痕迹。

希腊现在不再区分传统药物和现代药物。但我们用的很多现代药物其实来自植物或传统药物。希腊和很多国家都会从古代医疗方法、传统药物中寻找线索，助力现代医疗。

希腊传统药物没有传统中药如此系统的分类。中医的优势在于记载详实、归类系统，有大量典籍、药方传承。中国还有丰富的珍贵植物，我希望研究这个“宝库”并从中发现“潜力药物”。

我们并不指望今天开始研究，一年后就可以出成果。这是个漫长的过程。但从长远看，这类研究有助于人类未来健康，不仅将造福中国人，也有益于非洲、美国、欧洲等地的人民。

（记者　郑莹莹）

竹内亮：我如何用镜头讲述中国、消弭偏见？

竹内亮（Takeuchi Ryo），日本导演，职业生涯前期在日本作为导演和助理导演。2010 年到中国拍摄《长江天地大纪行》，随后拍摄《我住在这里的理由》系列纪录片。2020 年，因拍摄纪录片《好久不见，武汉》、展现新冠肺炎疫情之后武汉人真实的生活而备受中国网友好评，还被中国外交部发言人华春莹在记者会上向记者推荐。2021 年 8 月 10 日，竹内亮的奥运纪录片《双面奥运》上线，展现一个不同视角的东京奥运会。

竹内亮

“不懂中国却无理地指责中国，我就很不爽！所以我想把我所知道的真实中国拍下来给大家看。”

2022年，中日邦交正常化进入第50个年头。作为世界最重要的双边关系之一，中日两国关系却始终在坎坷中发展。据中日两国民调机构公开的民意调查显示，中日民间看待彼此始终负面大于正面，两国绕不开的历史因素和错综复杂的关系，使得在中日间从事文化交流并不容易。

作为一位日本的纪录片导演，竹内亮近10年始终在拍摄和记录中国，其在2020年拍摄的关于新冠肺炎疫情的纪录片《好久不见，武汉》受到广泛关注。他回到日本拍摄的奥运专题纪录片《双面奥运》，在中国播出后亦引发热议。竹内亮讲述了他如何用镜头讲述故事，消弭偏见。

中新社 是什么样的初衷让您来到中国，通过镜头语言讲述关于中国的一切？

竹内亮 我在日本时，已经制作纪录片20年了。至于拍摄关于中国的纪录片，这要归因于我认识了我的中国妻子，同时随着中国的朋友不断增多，我对中国的了解也不断加深。因此，我想把看到的中国及中国文化拍下来，给日本民众甚至全世界看。

事实上，这其中还夹杂着一个原因就是：不爽。

不爽在于，现在无论欧美西方的媒体还是日本媒体，对中国的批评声很多，不明真相的网友也加入进去。很大的原因就是，媒体对中国进行了抹黑攻击，而网上这群人有一部分是完全对中国不了解的。不懂中国却无理地指责中国，我就很不爽！所以我想把我所知道的真实中国拍下来给大家看。

中新社 您如何形容您镜头下的中国？您在中国所拍的纪录片中，印象最深刻的是哪一个？

竹内亮 如果用一个词形容中国的话，我认为是“好玩”。这出于我对新鲜事物的好奇心。这些年中国各方面变化非常快，我要离开中国两三年再回来的话，肯定跟不上这样的变化。

反而日本没什么变化。我已经在中国待了快10年，这次回去日本，完全跟得上节奏。对我来说，比较喜欢的生活是好玩的，是有变化的。

拍摄的纪录片中印象深刻的太多了，我这10年一直在拍中国，其中一部是记录关于新冠疫情下武汉的故事。

起初的缘由是看到外国媒体报道的武汉与我观察和体会的真实武汉截然不同，所以我立刻决定拍摄我眼中真实的武汉。当我的《好久不见，武汉》上线后，有部分日本媒体来采访我：这个纪录片是不是中国政府让你拍的？我告诉他们，所有素材全是我和我的团队自发拍摄的。从这样的提问，能看出他们都是带着预判来采访我的。

另外，有两个片子在日本关注度极高，一个是讲述中国高科技的纪录片，另一个是关于中国大凉山的纪录片。这两个截然不同的选题在日本都受到了关注。其实，日本民众很想了解他们看不到的真实中国。

中新社 纪录片的核心就是真实，您如何讲述一个客观真实的中国呢？您怎么看待负面言论？

竹内亮 我的纪录片提倡的是主观的真实，这与媒体报道不太一样，媒体讲究客观真实。主观真实也就是我看到了什么就拍什么，然后就播什么，我想通过镜头尽量把自己的主观想法展现出来，这样也就越真实和越接地气。

部分西方及日本媒体的问题却与这个理念恰恰相反，他们报道中国是看到什么就反着说，成为不真实的谎言。

对于批评甚至攻击，我其实不在意，我是一个在专业领域很“自我”的人。有肯定我的声音，也有负面的声音，不认可的人也许对中国不了解，而我做的事情恰巧是提供更多的角度去了解真实的中国，负面评价反而还是我持续工作下去的动力。

中新社 您走过那么多地方，采访了很多人，在您的镜头下，中日民众之间最大的相同点和不同点分别是什么？

竹内亮 采访和记录那么多关于中国的故事，我感受到中日两国最大的相同点是家庭观念。事实上，日本的文化很多方面来源于中国，两国都是受儒家文化影响的国家。

要说区别，我感受到的是中国人比较大方，做事效率非常高，重视规模和速度。在中国人面前，效率是第一。

因为是岛国，所以日本人比较讲究细节，也很保守。日本很长一段时间处于一种与别国无交流的状态，直到明治维新才开始改变，但是保守的性格一直没有变。比如我这次回到日本，看到日本的电视摄像师还在使用录像带进行记录，这在中国的媒体圈几乎已经淘汰了。

日本目前依旧大范围使用纸币，电子支付远没有流行开来，这让我这样常年生活在中国的日本人回去后非常不适应。

中新社 目前日本民众对于中国的好感度并不高，公开数据显示2020年日本民众对中国的好感度只有10%。您通过拍摄纪录片的方式在日本国内介绍中国的反响如何？

竹内亮 这个公开数据我看过，但是和我的感受有些出入，我认为不可能90%的日本民众都不喜欢中国。我有几次给日本民众演讲，特意问大家两个问题：你本人喜不喜欢中国？你的朋友喜不喜欢中国？大多数的回复是“不好说”，他们说自己每天在电视上看关于中国负面的报道，所以非得要选喜欢与不喜欢的话，那就只能选不喜欢。

因此，如果把中国正能量的、好玩的事情，无论是通过我们的纪录片，或者中国电影、动画片甚至综艺节目，呈现给日本民众，我相信文化的力量终会让他们对中国的态度有所转变。

现在日本年轻人中有一个现象，喜欢看中国的美妆博主的视频，包括Tik Tok在日本都受到热捧。有一个日本媒体近期做了数据调查，显示日本年轻人比年长的人对中国好感度要高。因此，我觉得年轻人也许是促进两国彼此了解的生力军。

中新社 您会一直坚持拍摄中国的纪录片吗？

竹内亮 毕竟我已经从事关于中国的纪录片工作10多年了，我对中国文化、对中国人非常感兴趣。而中国的持续变化会不断激发我的兴趣，因此我会继续下去。

接下来我准备再次拍摄一个关于中国长江的纪录片，把长江沿线的风土人情介绍给日本乃至全世界观众。

（记者 谢萍、李翔）

扶霞·邓洛普：中餐在海外是被夸大还是被低估？

扶霞·邓洛普（Fuchsia Dunlop），《鱼翅与花椒》作者、英国女作家。

扶霞·邓洛普

“在英国、美国有很多人喜欢中国菜。可是最受他们欢迎的不是中国最好的饮食或最具代表性的饮食，从这个角度看，真正的中国饮食文化在海外是被低估了。”

英国女作家扶霞·邓洛普表示，在中国传统文化里，对食物的欣赏能力是受到人们尊重的，甚至可以同对音乐、绘画、诗歌的品鉴能力相提并论。在今天，中国不同的菜肴更是中国不同区域地理、历史、文化的生动反映。

中新社　您为什么会从事中国饮食文化写作？从20世纪90年代第一次来中国至今，您已经在海外出版了多部中国饮食文化相关书籍，四次获得餐饮界"奥斯卡"——詹姆斯·比尔德烹饪写作大奖，在英国《金融时报》、美国《纽约客》《美食家》等杂志上发表多篇中国饮食文化文章。这期间西方对中餐的认知发生了哪些变化？

扶霞·邓洛普　20年前我来四川求学时，川菜热已席卷中国，但大部分外国人却对此知之甚少。当时的英国很难找到正宗的川菜菜谱，更不用说正宗的川菜调料、主厨和饮食专家，也很少有人真正体验过花椒让双唇酥麻的刺痛感。

事实上，中国饮食文化是如此浩瀚无垠、海纳百川，西方人应该了解它们的丰富与多样性，所以我开始了自己第一本中国饮食文化书籍《四川菜谱》的写作。

2020年，《四川菜谱》译成中文在中国出版，此时距这本书第一次在英国出版已过去近20年。20年时间里，大部分西方人对中国饮食文化的了解发生了巨大的变化，麻婆豆腐成为国际食客的必点菜之一，四川也成为西方人重要的美食目的地。伦敦街头，食客们能吃到粤菜、川菜、湘菜、东北菜、淮扬菜，甚至还能品味正宗西安小吃。

这种变化产生的原因之一，是越来越多的中国人到西方旅游、学习、工作，同时也有大量西方人来到中国或认识了来自中国的朋友。这让英美市场兴起了对正宗传统中餐的需求，已经存在于海外的中餐厅有动力去尝试更多中国菜。

还有一个重要原因，是现在西方能找到的中国饮食文化资料比过去丰富多了。很多中国人如李子柒、王刚等在网络发布烹饪视频，让不少西方网友很容易接触到正宗的中餐。

中新社 西方对中餐的常见误解有哪些？中国人对西方饮食文化又有哪些误解？如何看待这些偏见？

扶霞·邓洛普 提及中餐，许多西方人会想到“油腻”或“不太健康”，这是因为他们接触到的中餐大部分是餐厅里的菜肴，而非中国人的家常菜。在中国人家里，主食多为一碗蒸米饭或面条，再配以大量简单烹饪的应季蔬菜，各类豆制品，极少果脯以及一点点能增添风味、供给营养的鱼肉。这样的饮食讲究荤素搭配、品类丰富、合乎时令、营养均衡，极大满足了眼鼻口腹，是我心中最好的生活方式。

虽然油是中餐火候与香味的核心，但并非每一道菜中的油都需要吃下去。如果西方人按照中国的礼仪，用筷子夹菜，那么大部分的油都会被留在菜盘里。另外，大部分西方人难以理解中国饮食文化中的“口感”。我曾经在一场讲座前，给每一位观众赠送了我自己烹饪的鸭舌。传统西方饮食观认为，吃鸭舌、鸡爪毫无意义，而中国人却将“麻烦的小东西”做出滋味。我让他们把原来的想法扔掉，用心感受东方的“口感”。

中餐对于食材选用开放包容，闪耀着哲学光辉。一个真正技艺高超的厨师不会用“能吃”“不能吃”来简单归类食材，而是用烹饪技术突出优点、掩盖弱点。四川厨师甚至将猪嘴中耐嚼的上颚都做成了麻辣小吃，称为“天堂”。

在中国，也会有朋友向我发表对西餐的看法，其中有大部分中国人对西方饮食文化的常见误解。西方饮食文化包含了不同国家的美食，很难用某一种或某一个国家的食物来代表西餐。

产生这些偏见的根本原因是不了解。虽然近年来随着东西方民众交流的深入，这样的误解有所减少，但要做到完全消除还需要时间。事实上，每一个国家的饮食文化都有独到之处，需要用心去感受。

中新社 川菜正是东西方文化交流碰撞的产物，如果明朝末年辣椒没有传入中国，也就没有麻婆豆腐、水煮牛肉等麻辣鲜香的四川菜肴，更不会形成“一菜一格、百菜百味”的川菜味型。您如何看待在东西方交流碰撞中产生的“各美其美、美美与共”的饮食文化？

扶霞·邓洛普 早在公元4世纪，四川人就已经对香辣风味有所偏好，中国历史学家常璩曾在《华阳国志·蜀志》中做出了著名总结——“尚滋味，好辛香”。不过要注意，这里的辣味并非来自于辣椒，而是生姜、花椒和茱萸。中国早期美食专著《吕氏春秋·本味篇》也将四川生姜奉为佳品。

一直到16世纪晚期的明朝末年，辣椒才开始进入中国。因为有着洁白可爱的小花和鲜红漂亮的果实，一开始辣椒在中国被视为观赏植物，一个世纪以后才出现辣椒入菜的记载。根据四川大学教授江玉祥的研究，尽管有一份模糊资料提到了18世纪中期四川有辣椒种植的历史，但直到清朝嘉庆年间，辣椒才成为当地的常见作物。

西方饮食文化同样受到了遥远东方的影响。20世纪80年代，一位很有名的美籍华人做电视节目时将中国菜介绍给了英国。现在很多英国家庭都有一口中式炒锅，不少英国人也掌握了“炒”这个烹调方法。他们会将蔬菜和肉切成丝在炒锅里炒熟，我们称之为“stir and fry”，当然这种炒菜和中国炒菜相比就简单多了。

事实上，无论东方还是西方，所有现存的饮食文化都一刻不停地在演进，受到新的影响，产生新的碰撞。20世纪90年代中期我在成都吃过和喜爱的某些菜肴，到今天几近消失。2019年我回到成都时，发现三文鱼、冰草等新食材已经在当地的菜单上占据了一席之地。

中新社 风靡世界的到底是中餐还是“西式中餐”？中餐在海外是被夸大还是被低估了？通过饮食可以了解中国的文化吗？

扶霞·邓洛普 在英国、美国有很多人喜欢中国菜。可是最受他们欢迎的不是中国最好的饮食或最具代表性的饮食，从这个角度看，真正的中国饮食文化在海外是被低估了。

但这些风靡世界的菜肴，同样也属于中国饮食文化。因为中餐除了有着丰富的品类，每一道中国菜肴的背后，还往往有一段故事，如东坡肉就有宋代文学家苏东坡和猪肉的传奇故事，他曾经在《猪肉颂》里奚落了瞧不起这种普通肉类的人。美国人喜欢的“左宗棠鸡”背后也有一段故事，一位湖南厨师在台湾发明了“左宗棠鸡”，后来这位厨师的徒弟又将它带到了美国纽约。这个故事不仅有趣，它还是属于中国人的故事、中国菜肴的故事，所以“左宗棠鸡”当然算中餐，只不过是另外一种中餐。

食不厌精、脍不厌细，是中国文化一个永恒的特点。早期中国哲学家、诗人会用饮食比喻很多事情，老子说“治大国，若烹小鲜”；孔子通过饮食表达人的品行，并特别重视不同的肉食要搭配适合的蘸酱；诗人屈原也曾通过描述美味的食物，希望借此召回亡人的灵魂。

在中国传统文化里，对食物的欣赏是受到尊重的，甚至可以同对音乐、绘画、诗歌的品鉴能力相提并论。在今天，中国不同菜肴更是中国不同区域地理、历史、文化的生动反映。如果西方人想要探索中国文化，饮食将是一个非常有趣的“窗户”。

（记者　贺劭清、单鹏）

佐藤贵子：日本的中华料理热何以经久不衰？

佐藤贵子（Sato Takako），中国美食评论家，日本知名中国美食资讯网站“80C（好吃）”总编辑。从2006年起，佐藤贵子连续三年在日本著名酒店专业杂志《周刊酒店餐厅》上刊登川菜的采访报道。此后，佐藤还接受邀请担任《周刊酒店餐厅》、日本航空（JAL）机内杂志、Gochengdu等中日媒体特邀撰稿人。佐藤贵子每年都有10次左右前往中国各地探访美食及食材、学习传统美食制作技艺。2019年，她又独自创立了中国美食旅游网站“ROUNDTABLE”。

佐藤贵子

“从作物、食品到烹饪方法、用餐方式，中国饮食文化对日本饮食文化的影响是多方面的。”

美食评论家、日本知名中国美食资讯网站“80C（好吃）”总编辑佐藤贵子表示，千百年来，形形色色的饮食文化交融、互鉴，孕育出新食物、新风味，更新着人们对于食物的理解，这正是饮食带给人们的高级享受。

中新社 中华料理与中国料理有什么区别？在您的童年时期，人们对中华料理普遍有什么印象？几十年来，印象是否有所改变？

佐藤贵子 日本的中餐厅常会打出“中国料理”“中华料理”两种招牌。一般来说，中国料理餐厅主要烹饪原汁原味的中餐。早期大部分中国料理餐厅由华侨华人经营，以高档粤菜为主，现在这些餐厅为了追求纯正中国风味，有时也会重金聘请中国大厨坐镇。

而中华料理餐厅售卖的则是日本本土化后的中餐，以街边小店为主，在这里通常能一次品尝到中国不同地域的代表美食。作为生于20世纪70年代的人，我们可谓是在中华料理的陪伴下长大。在我的童年，麻婆豆腐、干烧虾仁等家常菜就是日本民众心中中华料理的代名词，人们普遍认为中华料理物美价廉。

日本出现中国料理、中华料理两种风格的中餐，主要是因为食材以及历史文化差异。中餐刚传入日本时，在日本很难买到正宗的中华调味料。如1957年东京知名餐厅“四川饭店”创始人陈建民在日本NHK料理节目介绍“酱炒猪肉和卷心菜”，第一次让日本民众知道了回锅肉的做法，也成为这道料理在日本流行的契机。但当时日本并没有豆瓣酱，所以陈建民在调味中加入了经过深度发酵成熟的豆酱“日本八丁味噌”。这也使日本回锅肉口感香甜醇厚，与四川回锅肉的咸辣截然不同。

此外，同样是回锅肉，日式回锅肉直接将生猪肉和甜面酱一起翻炒，因为日本人认为“把猪肉煮过再切成片炒过于费事”。而按照中国民间的一种说法，四川回锅肉之所以“回锅”，是因为中国传统祭祀文化中，祖先不喜欢吃生肉，所以供奉煮熟的食物，祭祀结束后再将肉烹制食用。

当前日本的中餐厅正变得丰富多元。随着与中国民间交流增多，越来越多的日本厨师到中国学艺，除了成都、杭州这样以美食闻名的大城市，他们还会前往偏远山区、少数民族地区学习小众料理。近几年，东京出现了主打东北菜、云南菜、广西菜等地方特色菜品的餐饮店，中华料理也开始具有中餐的地域特征。“中国菜老四川飘香麻布十番总店”主厨井桁良树师从知名四川传统料理店“松云泽”，每个季节都会推出与当季蔬菜搭配烹饪的“时菜回锅肉”，让人们在东京也能吃到正宗四川回锅肉。同时，一些中华料理餐厅正走向高端，如银座部分中餐厅客单价可达到3万至5万日元。

中新社　日本市场调研数据显示，无论是在家烹饪还是外出就餐，中华料理都是最受日本人欢迎的食物之一。小说家芥川龙之介、小林爱雄曾高度评价中华料理，《中华小当家》《哆啦A梦》《孤独的美食家》等日本知名动漫中出现了大量中华料理的身影。中华料理如何一步步征服日本民众的味蕾？麻辣川菜又是什么时候开始在日本受到欢迎？

佐藤贵子　好奇心是日本民众对中华料理产生兴趣的重要原因。一些日本作家或名人在随笔中对中华料理进行了细致的描写，不少精彩的影视或漫画作品也反映了中华料理的魅力，勾起人们对中华料理的食欲。

例如，麻婆豆腐经常出现于日本影视作品中，一些综艺节目还曾对这道菜进行了“脑洞大开”的创意改造。连载漫画《铁锅料理王R顶级作战》更是影响了一代中华料理厨师，如今日本40岁左右的中餐厨师不少都是看过这部漫画后，才开始对中华料理产生兴趣。

一种饮食风格被人们接受和喜爱，不仅取决于餐厅，更取决于它是否能深入到家庭中去。中华料理能走进日本千家万户，日本调味料公司功不可没。为了让民众在家也可以轻松烹饪中华料理，日本企业推出了“中餐调料”，并与时俱进地调整味型。有的菜肴甚至直接化身便利速食，人们从超市、便利店购买回家后，只需加热就可用餐，十分便捷。

川菜的风靡又给日本的中华料理热添了一把火，使中华料理在日本成为一种流行饮食文化。这里不能不提“日本川菜之父”陈建民。陈建民在20世纪50年代来到日本，把“四川饭店”经营得有声有色。60年代，他在业余时间还参加了日本NHK料理节目，传授日本民众在家烹饪回锅肉、麻婆豆腐等经典川菜的秘诀。

不过近年来，日本人逐渐爱上川菜的麻辣，还与社会节奏快、工作压力大、少子化等相关。2013年，曾在四川成都留学的日本美食家中川正道建立了一个向日本民众介绍川菜的网站，后来他又建立“麻辣联盟”组织，从2017年起连续3年在东京举办四川美食节活动。最新一届四川美食节，仅两天便吸引10万日本游客，300多家日本媒体对此进行报道。不仅如此，“麻辣联盟”还经常组织日本中华料理迷专程飞到成都，品尝地道四川美食。

中新社 中华料理已融入日本民众生活。有人将中华料理进行了创意改造，如草莓麻婆豆腐、水煮小笼包、珍珠奶茶饺子、麻婆豆腐煎面和汉堡等。您如何看待这些改造？

佐藤贵子 草莓麻婆豆腐、水煮小笼包我也只是听闻，可能是某一两家店或者节目为了博眼球进行的改造。我很反感这样的行为，因为每道中华料理的背后都有其历史和韵味，麻婆豆腐的特色就是麻辣，加上草莓就变味了。

同样是麻婆豆腐，四川人常吃脑花、脊髓麻婆豆腐，日本厨师将它改造为白子麻婆豆腐，用白子代替日本民众不吃的脑花、脊髓，不仅保持了食物特色，还让日本民众接受，富有新意。这才是优秀的改造。日本汉堡肉饼、用白奶油和蟹肉做的蟹球等食物，是日本对西餐的改造，已经成为日本西餐厅的经典美食。

事实上，日本很喜欢借鉴外国好的东西，结合本土的情况和文化，酝酿出日本独特的产物。拉面从中国传入日本后，日本厨师凭借匠人精神，把拉面做出千店千味，有的拉面猪骨味道浓郁，有的则十分清淡。可以看出，一样食物传入日本后，会出现很多分支，仿佛“百家争鸣”，这也与日本的国民性有很大关系。

在东京，一家以“和魂汉才”为主题的中华料理餐厅“茶禅华”刚获评米其林三星级。这家餐馆有一道招牌菜叫作“云白肉”，原材料是秋茄子和五花肉。除了食材特别，这道菜从蒸肉、加热餐具到端上餐桌都是以秒为单位进行计算。这体现了日本对中国饮食文化的深深敬意。

中新社 作为日本美食的象征，日本拉面风靡世界。但实际上重油重口味的肉汤在日本传统饮食文化里曾被视为异类。拉面并非从日本本土美味佳肴演变而来，它的诞生借鉴了中国口味。那么，西方饮食又对日本产生了哪些影响？如何看待交流碰撞中不断发展的饮食文化？

佐藤贵子 从作物、食品到烹饪方法、用餐方式，中国饮食文化对日本饮食文化的影响是多方面的。距今2500多年前，稻米由中国江南地区传到日本，此后的隋唐至明清时期，大量中国蔬菜、水果、烹饪方式进入日本。

中日饮食文化交流最重要的阶段应是在唐代。当时日本派出的“遣唐使”中就有专门学习各类食品制作的“留学生”。鉴真和尚东渡日本，也带来了许多中国食品。在这期间，中国饮食书籍也传到日本，如陆羽的《茶经》，这对后来日本人饮茶仪式感产生重要影响。如今日本的怀石料理，便出自茶道。

而欧美国家对日本饮食的影响同样深远。675年，天武天皇曾推出“肉食禁止令”，而后江户幕府第五代将军德川纲吉又颁发“生类怜悯令”，禁止捕杀动物，从此日本人几乎不再吃牛肉。美国黑船事件后，为方便住在横滨的外国人吃牛肉，横滨开设了当时日本第一家牛肉店。渐渐地，西方饮食文化传入日本，日本人不仅吃牛肉、喝牛奶，也开始食用西式糕点和啤酒、咖啡、葡萄酒等饮料。如今日本餐厅里，寿喜锅、牛肉盖浇饭等已成为日式料理的代表。

美食无国界。食物之间交流、碰撞、融合不仅发生在日本，东西方国家概莫能外。茶叶最早从中国传入英国，但没人否认香浓的红茶也像焗豆、煎蛋、培根一样，都是经典英式早餐的重要组成部分；在四川也有餐厅制作脑花寿司，上班族用咖啡搭配日式饭团作为早餐。这些都是美食全球化的当下，东西方国家每天都会出现的场景。

千百年来，形形色色的饮食文化交融互鉴，突破了固有食谱或清单，孕育出的新食物、新风味走上人们的餐桌，更新着人们对于食物的理解，这正是饮食带给我们的高级享受。

（记者 单鹏、贺劭清）

图书在版编目（CIP）数据

东西问：文明的碰撞与互鉴 / 中国新闻社主编. --北京：海豚出版社，2023.3
ISBN 978-7-5110-6172-0

Ⅰ. ①东… Ⅱ. ①中… Ⅲ. ①中外关系－文化交流－文化史－研究 Ⅳ. ①K203

中国版本图书馆CIP数据核字（2022）第209065号

东西问：文明的碰撞与互鉴
中国新闻社 主编

出 版 人 王 磊
责任编辑 王 水 胡 琴 董 莹
封面设计 小徐书装
内文排版 九章文化
责任印制 于浩杰 蔡 丽
法律顾问 中咨律师事务所 殷斌律师
出　　版 海豚出版社
地　　址 北京市海淀区车公庄西路甲 19 号国际传播大厦
邮　　编 100048
电　　话 010-68325006（销售） 010-68996147（总编室）
印　　刷 天宇万达印刷有限公司
经　　销 新华书店及网络书店
开　　本 710mm × 1000mm 1/16
印　　张 18.75
字　　数 200 千
版　　次 2023 年 3 月第 1 版 2023 年 3 月第 1 次印刷
标准书号 ISBN 978-7-5110-6172-0
定　　价 78.00 元